Christian von Bergen (Hrsg.)

Glückwünsche in Vers und Reim für alle Gelegenheiten

GLÜCKWÜNSCHE IN VERS UND REIM
FÜR ALLE GELEGENHEITEN

Herausgegeben von Christian von Bergen
unter Mitarbeit von Gerald Drews

SÜDWEST

Für meinen Freund Alfred Wieser,
dessen Hilfe unverzichtbar für dieses Buch war

Umschlaggestaltung: Heinz Kraxenberger, München
Gestaltung / Satz: Schlotterer & Duffek, München
Illustration: Johanna Wies, München
Druck und Bindung: Legoprint, Vicenza
Printed in Italy
Gedruckt auf chlor- und säurefreiem Papier

ISBN 3-517-01498-2

Inhalt

Einleitung

Mit rund 1000 Gedichten, Zitaten, Volksweisheiten und anderen Sprüchen ist dieses Buch wohl eine der umfassendsten Sammlungen von guten Wünschen für praktisch alle Gelegenheiten, zu denen man anderen Menschen Glück und Erfolg wünschen kann. Der Übersicht halber sind die einzelnen Texte zwar auf verschiedene Kapitel verteilt, doch empfehlen Ihnen Herausgeber und Verlag, sich etwas Zeit zu nehmen, wenn Sie nach einem Glückwunsch suchen, und auch andere Kapitel durchzublättern.

Denn oft, so wird man immer wieder feststellen, paßt für eine ganz bestimmte Situation auch ein Spruch, der hier einer vollkommen anderen Gelegenheit zugeordnet ist. So kann man beispielsweise auch viele Erfolge als "Kinder" dessen bezeichnen, der sie mit viel Hingabe, Fleiß und Schweiß errungen hat. Es kann sich also durchaus lohnen, in einem solchen Fall auch die Kapitel "Geburt" oder "Taufe" durchzusehen.

Für das Buch wurden bewußt sehr ernst gemeinte, oft voll tiefer Weisheit steckende Sprüche mit heiteren Gedichten gemischt. Auf platte, dumme Sprüche wurde dagegen bewußt verzichtet, ebenso auf allzu ironisch gemeinte Texte und auf solche, die sehr leicht als beleidigend empfunden werden könnten. Wir meinen, daß ein Glückwunsch zwar nicht in jedem Fall eine ernste, hochoffizielle Angelegenheit sein muß, doch andererseits auch keinesfalls ein Anlaß, dem Beglückwünschten einmal so richtig die Meinung zu sagen, auch wenn es nur "durch die Blume", also mit Hilfe eines Textes geschieht, hinter dem auch deutliche Kritik, Unzufriedenheit oder gar Neid durchschimmern. Für solche Vorhaben gibt es mit Sicherheit bessere Gelegenheiten als ausgerechnet die eines Glückwunsches.

Dieses Buch soll vielmehr helfen, daß Sie nicht in Verlegenheit geraten, wenn Sie an einem Ereignis teilnehmen, bei dem ein Glückwunsch angebracht oder sogar verpflichtend notwendig ist. Denn es kann schon sehr peinlich sein, wenn einem bei der Begrüßung eines Menschen, dem man Glück wünschen soll (oder muß) nicht viel mehr einfällt als: “Herzlichen Glückwunsch, ich freue mich für Sie...” oder “das haben Sie ja längst verdient”. Beides wirkt im Zweifelsfall wenig aufrichtig, zumindest aber nicht sehr phantasievoll. Ein bewußt und gezielt herausgesuchter Spruch, eine Weisheit oder ein passendes Gedicht verraten dem Geehrten dagegen auch, daß man sich wirklich Gedanken gemacht und um einen aufrichtigen Glückwunsch bemüht hat.

Wie kann man dieses Buch nutzen?

Gehen Sie bei der Auswahl eines passenden Glückwunsches nicht zu sehr mit dem Verstand vor, sondern lassen Sie sich ruhig auch von Ihren Gefühlen leiten. Stellen Sie sich vor allem den oder die Menschen, die Sie erfreuen wollen, möglichst genau vor. Bedenken Sie, daß für nahe Verwandte oder enge Bekannten sich sehr persönliche Texte weitaus besser eignen als allgemeiner gehaltene. Umgekehrt sollte man gegenüber Kollegen oder Vorgesetzten keineswegs zu vertraulich wirkende Glückwünsche wählen, sondern auf eine gewisse, von den üblichen Umgangsformen bestimmte Distanz achten. Allzu große Vertraulichkeit kann bei den Betroffenen eher ein Gefühl des peinlich Berührtseins hervorrufen als Freude über eine sehr persönlich gemeinte Gratulation. Das muß aber keineswegs bedeuten, daß man sich in irgendwelche nichtssagenden Allgemeinplätze flüchten muß. Am besten wird es oft sein, wenn man sich rechtzeitig einige passende Glückwünsche heraussucht und sich nach einiger Überlegung oder auch nach einer Diskussion mit vertrauten Menschen für den entscheidet, der am passendsten zu sein scheint. Lassen Sie bei Ihrer Wahl auch nicht außer acht, ob es sich um einen humorvollen oder eher ernsten Menschen handelt, dem Sie einen Glückwunsch widmen.

Sie nutzen dieses Buch optimal, wenn Sie es nicht nur als reine Quelle zum Übernehmen von Glückwünschen suchen. Lassen Sie sich vielmehr auch inspirieren, selber zur Feder zu greifen und sich als Dichter oder Schreiber wohlklingender Zeilen zu versuchen. Sie müssen dabei keine Angst haben, als Plagiator dazustehen, der bei anderen abschreibt. Wenn Sie dieses Buch aufmerksam durchschauen, werden Sie immer wieder finden, daß sich auch ein Goethe und ein Wilhelm Busch durchaus bei ihren antiken und zeitgenössischen Schriftsteller-Kollegen Ideen geholt haben, und manche weniger bedeutungsvolle Dichter wie Friedrich Güll oder Emanuel Geibel Zeilen zu Papier gebracht haben, die man sehr ähnlich bereits von anderen Autoren gelesen hat.

Wenn Sie selber dichten wollen, dann haben Sie keine Hemmungen, dies auch zu tun. Sie werden immer dann Erfolg mit Ihren eigenen Zeilen haben, wenn Sie ein paar grundlegende Richtschnüre der Poesie beachten. Punkt eins kann gar nicht oft und deutlich genug gesagt werden: Nicht alles, was sich reimt, ist ein Gedicht. Umgekehrt sollten Sie auch keinesfalls krampfhaft versuchen, Zeilen zu dichten, deren Enden sich reimen. Dies wirkt nur selten wirklich gelungen, vielmehr hört man sehr oft leicht die Mühen heraus, die sich der Dichter mit seinen Zeilen gemacht hat, und oft genug wirkt das Ergebnis eher erheiternd als ernsthaft bemüht.

Auch die großen Dichter haben keinesfalls immer darauf geachtet, daß sich die letzten Worte der einzelnen Verse aufeinander reimen. Ein Kunstgriff kann es sein, einen sogenannten Kreuzreim zu probieren, bei dem sie nicht Zeile eins auf Zeile zwei und Zeile drei auf Zeile vier reimt, sondern die Verse eins und drei sowie zwei und vier. Wenn Sie aber keinesfalls auf einen Reim verzichten wollen, können Sie beispielsweise bei einem Vierzeiler nur die letzten beiden oder auch Zeile zwei und vier in Reimen formulieren.

Nicht nur moderne Dichterinnen und Dichter verzichten immer öfter auf den Endreim, sondern formulieren ihre Gedichte ganz frei. Wenn Sie dies ebenfalls tun wollen, sollten Sie aber unbedingt zumindest auf Versmaß und Rhythmus achten. Das heißt, die "Melodien" der einzelnen Verszeilen – also die Folgen von betonten und unbetonten Silben – sollten entweder gleich groß sein oder in einem harmonischen Verhältnis zueinander stehen. Um dies zu beherrschen und zu beherzigen, brauchen Sie keine umfassende theoretische Erläuterung. Das einfachste Mittel, eine Gedichtmelodie zu überprüfen, ist das laute Vorlesen. Wenn möglich, sollten Sie sich Ihre Zeilen von jemandem vorlesen lassen. Dann hören sie am besten, ob ihr Gedicht "läuft" oder ob es "holpert".

Als Faustregel können Sie sich merken, daß eine Verszeile möglichst nicht mehr als sechs "Takte", also gleichlaufende Folgen von Hebungen und Senkungen haben sollte, sonst wird sie zu lang und wirkt unbeholfen. Wenn Sie Probleme haben, ihre Gedanken in gereimter oder gedichteter Form zu formulieren, dann können ihnen sogenannte Reim- oder Synonym-Wörterbücher weiterhelfen. Darin finden Sie zu vielen Begriffen anderslautende, erläuternde Wörter, die eine ähnliche oder die gleiche Bedeutung haben.

Gerade fürs Dichten, aber auch für das Heraussuchen passender Sprüche gilt: Übung macht den Meister! Lassen Sie sich nicht entmutigen, wenn ihre selbstgedichteten Sprüche anfangs sehr holprig oder gekünstelt wirken. Werfen Sie solche Versuche nicht gleich in den Papierkorb, sondern arbeiten Sie weiter daran. Ein beliebtes, oft geradezu Wunder wirkendes Hilfsmittel, brauchbare Gedichte zu erhalten, ist die

Umstellung der einzelnen Wörter innerhalb von Sätzen: Setzen Sie besonders wichtige Begriffe jeweils an den Anfang oder Schluß einer Zeile, vertauschen Sie die Plätze der einzelnen Satzteile oder Wörter, bis Sie ein befriedigendes, gut klingendes Ergebnis erzielen. Wenn Sie dennoch Ihre Reden in Reimen verfassen wollen, finden Sie im Anhang eine kleine Reimschule.

Beförderung und Versetzung

Erfolg hat auf Dauer nur der,
der ihn sich ehrlich erarbeitet
und redlich verdient. Auf die Kosten
anderer ist noch keiner
dauerhaft erfolgreich geworden.

Wer emsig an seiner Karriere schafft,
der schafft den Aufstieg aus eigener Kraft.
Beförderte sind stolz und das mit Recht!
Unser Glückwunsch ist von Herzen echt.

Du bist zielbewußt und voll Fleiß gestartet.
Und wer durchhält wie Du, der steigt hinauf.
Wir haben es anders gar nicht erwartet;
die Beförderung nahmen wir begeistert auf.
Der Glückwunsch ist herzlich und froh,
vor allem ehrlich gemeint: Nur weiter so!

Herzlich wollen wir heut gratulieren:
Aufwärts geht es Schritt um Schritt.
Auch wenn wir heute Sie verlieren,
wer Sie kennt, der freut sich mit!

Man muß Mut haben zum Leben.
Aber auch einen langen Atem
und den Glauben an sich selbst.

Nichts auf der Welt wird so gefürchtet
wie der Einfluß von Männern, die geistig unabhängig sind.
Albert Einstein

Lust und Liebe zu einem Ding,
macht die schwerste Arbeit gering.
Deutsches Sprichwort

Vertrauen ist für alle Unternehmungen
das große Betriebskapital,
ohne welches kein nützliches Werk auskommen kann.
Es schafft auf allen Gebieten die Bedingungen
gedeihlichen Geschehens.
Albert Schweitzer

Neid ist dem Menschen natürlich;
dennoch ist er ein Laster und ein Unglück zugleich.
Der Neid der Menschen zeigt an,
wie unglücklich sie sich fühlen;
und ihre beständige Aufmerksamkeit
auf fremdem Tun und Lassen,
wie sehr sie sich langweilen.
Arthur Schopenhauer

Persönlichkeiten werden
nicht durch schöne Reden geformt,
sondern durch Arbeit und eigene Leistung.
Albert Einstein

Einer fragte einen Weisen:
"Worin besteht Klugheit?"
"In Menschenkenntnis."
"Und worin besteht Tugend?"
"In Menschenliebe."
Chinesische Weisheit

Herr! schicke, was du willst,
Ein Liebes oder Leides;
Ich bin vergnügt, daß beides
Aus deinen Händen quillt.

Wollest mit Freuden
Und wollest mit Leiden
Mich nicht überschütten!
Doch in der Mitten
Liegt holdes Bescheiden.
Eduard Mörike

Wenn's etwas gibt,
gewalt'ger als das Schicksal,
so ist's der Mut,
der's unerschüttert trägt.
Emanuel Geibel

Ideale sind wie Sterne:
Man kann sie nicht erreichen,
aber man kann
sich nach ihnen orientieren.
Carl Schurz

An kleinen Dingen
muß man sich nicht stoßen,
wenn man zu großen
auf dem Weg ist.
Friedrich Hebbel

Durch bloße Lehren
sind nie die Menschen zu bekehren:
Das gute Beispiel prägt allein
der Lehre Sinn dem Herzen ein.
Martin von Bodenstedt

Sammle Dich zu jeglichem Geschäfte,
nie zersplittre Deine Kräfte,
teilnahmsvoll erschließe Herz und Sinn,
daß Du freundlich andern Dich verbindest.
Doch nur da gib ganz Dich hin,
wo Du ganz Dich wiederfindest.
Friedrich Martin von Bodenstedt

Ein Festtag soll dich stärken
zu deines Werktags Werken,
daß du an dein Geschäfte
mitbringst frische Kräfte.
Du darfst nicht in den Freuden
die Kräfte selbst vergeuden;
neu sollen sie ersprießen
aus mäßigem Genießen.
Friedrich Rückert

Du mußt nach oben schaun, zu sehn,
wieviel noch Stufen des Beßren übrig sind,
wozu du bist berufen.
Du mußt nach unten schaun,
um auch zu sehn zufrieden,
wieviel dir Beßres schon
als andern ist beschieden.
Friedrich Rückert

Der wackere Mann
findet überall eine Heimat.
Friedrich von Schiller

Über das Herz zu siegen, ist groß,
ich verehre den Tapfern;
Aber wer durch sein Herz sieget,
er gilt mir doch mehr.
Friedrich von Schiller

Aus den Wolken muß es fallen,
Aus der Götter Schoß, das Glück,
Und der mächtigste von allen
Herrschern ist der Augenblick.
Friedrich von Schiller

In deiner Brust sind deines Schicksals Sterne.
Vertrauen zu dir selbst, Entschlossenheit
ist deine Venus! Der Malefikus,
der einz'ge, der dir schadet, ist der Zweifel.
Friedrich von Schiller

So sauer ringt die kargen Lose
der Mensch dem harten Himmel ab,
doch leicht erworben, aus dem Schoße
der Götter, fällt das Glück herab.
Friedrich von Schiller

Wirke Gutes,
du nährst der Menschheit göttliche Pflanze;
Bilde Schönes,
du streust Keime der göttlichen aus.
Friedrich von Schiller

Zum Werke, das wir ernst bereiten,
Geziemt sich wohl ein ernstes Wort;
Wenn gute Reden sie begleiten,
Dann fließt die Arbeit munter fort.
So laßt uns jetzt mit Fleiß betrachten,
Was durch die schwache Kraft entspringt:
Den schlechten Mann muß man verachten,
Der nie bedacht, was er vollbringt.
Das ist's ja, was den Menschen zieret,
Und dazu ward ihm der Verstand,
Daß er im innern Herzen spüret,
Was er erschafft mit seiner Hand.
Friedrich von Schiller

Verlange von Dir selber viel,
und sprich zu Dir: Ich will - ich soll!
Den andern aber hilf ans Ziel,
und sei im Fordern nachsichtsvoll!
Heinrich Hoffmann

Der größte Sinnengenuß,
der gar keine Beimischung
von Ekel bei sich führt, ist,
im gesunden Zustande, Ruhe nach der Arbeit.

Immanuel Kant

**Wer lächelt,
statt zu toben,
ist immer der Stärkere.**

Japanische Weisheit

In starken Menschen werden
große Schmerzen und Freuden
zu überschauenden Anhöhen des ganzen Lebensweges.

Jean Paul

Das Geld, das man hat, verhilft uns zur Freiheit;
das Geld, dem man nachjagt, macht uns zu Knechten.

Jean-Jacques Rousseau

Ein edles Beispiel
macht die schweren Taten leicht.
Johann Wolfgang von Goethe

... und die Geschäftsleute bedenken nicht,
daß Akten, vom lateinischen Acta herleitet,
so viel heißt als Getanes,
und daß also darin keineswegs
eingeheftet werden dürfe,
was man tun werde oder wolle.
Johann Wolfgang von Goethe

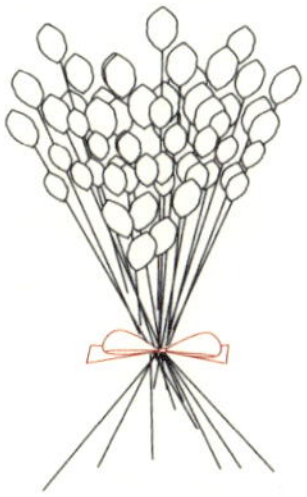

Die Welt ist nicht aus Brei und Mus geschaffen,
deswegen haltet Euch nicht wie Schlaraffen!
Harte Bissen gibts zu kauen;
wir müssen würgen oder sie verdauen.
Johann Wolfgang von Goethe

Erhaltet eure Aufrichtigkeit
und Wahrheitsliebe
so viel wie möglich,
aber verfallt nicht in den Fehler
der jetzigen Zeit, nämlich:
durch allzu große Aufrichtigkeit
grob zu werden.
Johann Wolfgang von Goethe

Es bildet ein Talent sich in der Stille,
sich ein Charakter in dem Strom der Welt.
Johann Wolfgang von Goethe

Irrtum verläßt uns nie;
doch ziehet ein höher Bedürfnis
immer den strebenden Geist
emsig zur Wahrheit hinan.
Wolfgang von Goethe

Nein, laß mir das Geschäft in Ehren!
Es ist ein Balsam für das Herz:
Nicht töten will es und zerstören,
Es glänzt nicht, fliegt nicht sonnenwärts;
Doch liegt, ich darf es wohl berühren,
In Staub von Akten und Papieren
Gar wunderbare Zauberkraft,
Zu sänftigen die Leidenschaft.
Johann Wolfgang von Goethe

Nicht die Talente, nicht das Geschick zu diesem oder
jenem machen eigentlich den Mann der Tat;
die Persönlichkeit ist's, von der alles abhängt.
Johann Wolfgang von Goethe

Nichts bleibt weniger
verborgen und ungenutzt
als zweckmäßige Tätigkeit.
Johann Wolfgang von Goethe

Unsere Wünsche sind
Vorgefühle der Fähigkeiten,
die in uns liegen,
Vorboten desjenigen,
was wir zu leisten
imstande sein werden.
Johann Wolfgang von Goethe

Nie habe ich eine Arbeit kalt gemacht,
sondern immer gewissermaßen
mit meinem Blut.
Das müssen die,
die sie sehen, spüren.
Käthe Kollwitz

Der Mensch hat dreierlei Wege,
klug zu handeln:
erstens durch Nachdenken,
das ist der edelste;
zweitens durch Nachahmen,
das ist der leichteste;
drittens durch Erfahrung,
das ist der bitterste.
Konfuzius

Nehmen Sie die Menschen wie sie sind
- andere gibt's nicht.
Konrad Adenauer

Wir leben zwar alle unter dem gleichen Himmel,
aber wir haben nicht alle den gleichen Horizont.
Konrad Adenauer

Zwischen Gelingen und Mißlingen,
in Streit, Anstrengung und Sieg,
bildet sich der Charakter.

Leopold von Ranke

Nicht, was wir erleben,
sondern wie wir empfinden,
was wir erleben,
macht unser Schicksal aus.

Marie von Ebner-Eschenbach

Hast du die Gabe von Gott,
daß du gewaltiger, höher, gelehrter, edler bist
denn andere, so denke,
daß es dir befohlen, andern damit zu dienen.

Martin Luther

Die Neider sterben wohl,
doch nimmer stirbt der Neid.

Molière

Pläne tragen ja nichts,
und voreilig Gesätes geht nicht auf.
Geduld und Arbeit aber sind wirklich
und können sich jeden Augenblick
in Brot verwandeln.

Rainer Maria Rilke

Dem Neide wirst Du entgehen,
wenn Du verstehst,
Dich im Stillen zu freuen.

Seneca

Zufrieden sein ist große Kunst,
zufrieden scheinen bloßer Dunst,
zufrieden werden großes Glück,
zufrieden bleiben Meisterstück.
Sprichwort

Nicht der heißt ein guter Mensch,
der eine gute Erkenntniskraft,
sondern der einen guten Willen hat.
Thomas von Aquin

Wenn du vernimmst,
daß ein Berg versetzt worden sei,
so glaube es!
Wenn du aber vernimmst,
daß ein Mensch seinen Charakter geändert habe,
so glaube es nicht.
Weisheit aus Arabien

Fürchte dich nicht vor dem langsamen Vorwärtsgehen,
fürchte dich nur vor dem
Stehenbleiben.
Weisheit aus Honkong

Gehorchen wird jeder mit Genuß
Den Frauen, den hochgeschätzten,
Hingegen machen uns Verdruß
Die sonstigen Vorgesetzten.
Nur wenn ein kleines Mißgeschick
Betrifft den Treiber und den Leiter,
Dann fühlt man für den Augenblick
Sich sehr befriedigt und heiter.
Wilhelm Busch

Der wackere Mann
findet überall eine Heimat.
Friedrich von Schiller

**Jede Gabe sei begrüßt,
doch vor allen Dingen:
Das, worum Du Dich bemühst,
möge Dir gelingen.**
Wilhelm Busch

Will das Glück nach seinem Sinn
Dir was Gutes schenken,
sage Dank und nimm es hin
ohne viel Bedenken.

Erfolgserlebnisse und Siege

Tapferkeit ist nicht Freiheit von Angst,
sondern Überwindung.

Sich selbst besiegen ist der schönste Sieg.
Erst er macht Erfolge möglich.

Wende dein Gesicht der Sonne zu,
dann fallen die Schatten hinter dich.

Erst, wenn man das Ziel erreicht, weiß man,
ob sich der Schweiß auszahlt,
den man dafür vergossen hat.

Mit Mut und Muskelkraft
hast du den Sieg geschafft.
Recht oft noch sei er dein.
Sollst lang der Beste sein,
das "As" in dem Verein!

Humanität besteht darin,
daß nie ein Mensch dem guten Zweck geopfert wird.
Albert Schweitzer

Nicht auf das, was geistreich, sondern
auf das, was wahr ist, kommt es an.
Albert Schweitzer

Glück kommt nicht von außen;
man muß es in sich selbst erkämpfen.
Daß man es erkämpfen kann,
macht Mut.
Alexander von Humboldt

Ohne Gunst und Neid
Ist Königs Sicherheit.
Ohn' Gunst und schlicht
Ist Königs Pflicht.
Nichts tun als Gnad
Ehrt Königs Pfad.
Nichts tun aus Haß
Ehrt Königs Maß.
Chinesische Weisheit

Glück ist, auch das zu lieben,
was man tun muß
und nicht nur das,
was man tun will.
Englisches Sprichwort

Wer still steht, geht zurück; wer auf Lorbeern ruht,
die er nicht brach, liegt nur auf einer schöneren Bärenhaut.
Nur wer immer mehr tun will, als schon getan ist,
wird das tun, was er kann.
Ernst Moritz Arndt

Für das Geliebte leiden ist so süß,
und Hoffnung und Erinnerung sind Rosen
von einem Stamme mit der Wirklichkeit,
nur ohne Dornen!

Franz Grillparzer

Wer sich ganz dem Dank entzieht,
der erniedrigt den Beschenkten,
Freund, indem er sich erhebt.

Franz Grillparzer

Wer viel denkt, eignet sich nicht zum Parteimann;
er denkt sich durch die Partei hindurch.

Friedrich Nietzsche

Weichheit ist gut an ihrem Ort,
aber sie ist kein Losungswort,
kein Schild, keine Klinge und kein Griff,
kein Steuer, kein Panzer für dein Schiff.
Du ruderst mit ihr vergebens.
Kraft ist die Parole des Lebens:
Kraft im Zuge des Strebens,
Kraft im Wagen, Kraft im Schlagen
Kraft im Behagen, Kraft im Entsagen,
Kraft im Ertragen,
Kraft bei des Bruders Not und Leid
im stillen Werke der Menschlichkeit.

Friedrich Theodor von Vischer

Ein jeglicher versucht sein Glück;
doch schmal nur ist die Bahn zum Rennen.
Der Wagen rollt, die Achsen brennen.
Der Held dringt kühn voran,
der Schwächling bleibt zurück,
der Stolze fällt mit lächerlichem Falle. -
Der Kluge überholt sie alle.
Friedrich von Schiller

Was ist die Mehrheit? Mehrheit ist der Unsinn;
Verstand ist sets bei wen'gen nur gewesen.
Bekümmert sich ums Ganze, wer nichts hat?
Hat der Bettler eine Freiheit, eine Wahl?
Er muß dem Mächtigen, der ihn bezahlt,
um Brot und Stiefel seine Stimm' verkaufen.
Man soll die Stimmen wägen und nicht zählen;
der Staat muß untergehn, früh oder spät,
wo Mehrheit siegt und Unverstand entscheidet.
Friedrich von Schiller

Nur die Sache ist verloren,
die man selber aufgibt.
Gotthold Ephraim Lessing

Nicht aus des Herzens bloßem Wunsche keimt
des Glücks schöne Götterpflanze auf.
Der Mensch soll mit der Mühe Pflugschar sich
des Schicksals harten Boden öffnen, soll
des Glücks Erntetag sich selbst bereiten
und Taten in die offnene Furchen streun.
Heinrich von Kleist

Weich ist stärker als hart,
Wasser stärker als Fels,
Liebe stärker als Gewalt.
Hermann Hesse

Selbst ein Weg von tausend Meilen
beginnt mit einem Schritt.
Japanische Weisheit

Greift nur hinein ins volle Menschenleben!
Ein jeder lebt's, nicht vielen ist's bekannt,
und wo ihr's packt, da ist's interessant.
Johann Wolfgang von Goethe

Hätte Gott mich anders gewollt,
so hätte er mich anders gebaut;
da er mir aber Talent gezollt,
hat er mir viel vertraut.
Ich brauch' es zur Rechten und Linken.
Weiß nicht, was daraus kommt.
Wenn's nicht mehr frommt,
wird er schon winken.
Johann Wolfgang von Goethe

Das Glück hilft
nur denen, die
sich selber helfen.
Lateinische Weisheit

Dem Mutigen lächelt das Glück.
Lateinisches Sprichwort

Musik ist höhere Offenbarung als
alle Weisheit und Philosophie.
Ludwig van Beethoven

Die Kunst, die verfolgte, findet überall eine Freistatt:
erfand doch Dädalus, eingeschlossen im Labyrinthe,
die Flügel, die ihn oben hinaus in die Luft emporhoben.
O, auch ich werde sie finden, diese Flügel!
Ludwig van Beethoven

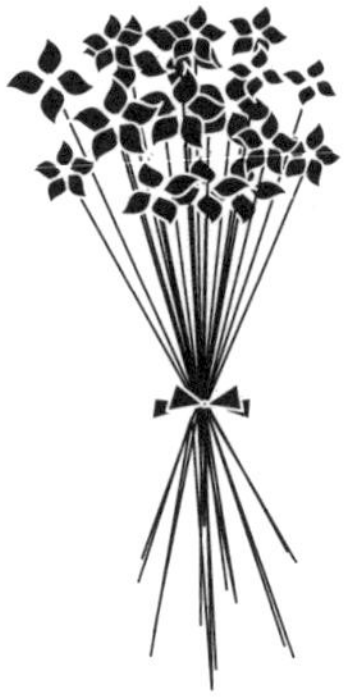

Am Ziel deiner Wünsche wirst du
jedenfalls eines vermissen:
dein Wandern zum Ziel.
Marie von Ebner-Eschenbach

Das edle: Ich will! hat keinen schlimmeren Feind
als das feige, selbstbetrügerische: Ja, wenn ich wollte!
Marie von Ebner-Eschenbach

Wenn es einen Glauben gibt, der Berge versetzen kann,
so ist es der Glaube an die eigene Kraft.
Marie von Ebner-Eschenbach

Man kann sagen, daß drei Qualitäten vornehmlich
entscheidend sind für den Politiker:
Leidenschaft - Verantwortungsgefühl - Augenmaß.

Max Weber

**Auch Helden siegen
nicht immer.**

Sprichwort

Das schwere Leben ist am leichtesten zu tragen,
wenn man sich schwere Aufgaben stellt.

Peter Rosegger

Wer jeden Abend sagen kann:
"ich habe gelebt",
dem bringt jeder Morgen einen neuen Gewinn.

Seneca

Es spielen viele,
aber nur einer kann gewinnen.
Sprichwort

Mit klarem Ziel
gewinnt man viel.
Sprichwort

Den Sieg erringt,
wer sich bezwingt.
Sprichwort

Wagen macht gewinnen,
zagen macht zerrinnen.
Sprichwort

Je näher dem Siege,
desto schwerer der Kampf.
Sprichwort

Zwischen Hochmut und Demut steht ein Drittes,
dem das Leben gehört,
und das ist einfach der Mut.
Theodor Fontane

Wonach du sehnlich ausgeschaut,
Es wurde dir beschieden.
Du triumphierst und jubelst laut:
Jetzt hab ich endlich Frieden!

Ach, Freundchen, rede nicht so wild,
Bezähme deine Zunge!
Ein jeder Wunsch, wenn er erfüllt,
Kriegt augenblicklich Junge.

Wilhelm Busch

Auf leisen Sohlen wandeln
die Schönheit,
das wahre Glück
und das echte Heldentum,
das den Sieg ermöglicht.

Wilhelm Raabe

Anstrengung ist die
Gemüsebeilage zum Glück.

Xenophon

Freund und Freundin

Du mußt nicht unbedingt
"Freiheit" haben
oder ohne Menschen
allein auf weiter Flur leben.

Ich wünsche dir Freunde,
hilfreiche und störende,
solche, die du brauchst,
solche, die dich brauchen.

Ich wünsche dir, daß du immer
Halt findest wie ein Wilder Wein
an einem festen Stamm;
daß du die Kraft hast,
selber ein Stamm zu sein
für die, die du tragen sollst.

Mir ist zu licht zum Schlafen,
der Tag bricht in die Nacht,
die Seele ruht im Hafen,
ich bin so froh erwacht.

Ich hauchte meine Seele
im ersten Kusse aus,
was ist's, daß ich mich quäle,
ob sie auch fand ein Haus.

Wen die Liebe bettet,
der ruht gut!
Adelbert von Chamisso

Sie hat es wohl gefunden
auf ihren Lippen schön,
o welche selge Stunden
wie ist mir so geschehn!

Was soll ich nun noch sehen,
ach, alles ist in ihr.
Was fühlen, was erflehen,
es ward ja alles mir.

Ich habe was zu sinnen,
ich hab, was mich beglückt,
in allen meinen Sinnen
bin ich von ihr entzückt.
Achim von Arnim

Wo man am meisten fühlt,
weiß man nicht viel zu sagen.
Annette von Droste-Hülshoff

Ein Freund, der mir den Spiegel zeiget,
den kleinsten Flecken nicht verschweiget,
mich freundlich warnt, mich herzlich schilt,
wenn ich nicht meine Pflicht erfüllt:
Der ist mein Freund.
Christian Fürchtegott Gellert

Die Liebe bricht herein wie Wetterblitzen,
die Freundschaft kommt wie dämmernd
Mondenlicht.
Die Liebe will erwerben und besitzen,
die Freundschaft opfert, doch sie fordert nicht.
Emanuel Geibel

Wer seine Schranken kennt, ist der Freie;
wer frei sich wähnt, ist seines Wahnes Knecht.
Franz Grillparzer

Die Liebe ist so unproblematisch wie ein Fahrzeug.
Problematisch sind nur die Lenker,
die Fahrgäste und die Straße.
Franz Kafka

Was ich dir wünsche, mein Freund?
Ich wünsche allen dasselbe:
Finde ein jeglicher den,
der ihm im Innersten gleicht!
Bist du ein Guter,
so kann dich der Himmel nicht besser belohnen,
bist du ein Schlimmer,
so straft ärger die Hölle dich nicht.

Friedrich Hebbel

Hast du Verstand und ein Herz,
so zeige nur eines von beiden!
Beides verdammen sie dir,
zeigest du beides zugleich.

Friedrich Höderlin

Und wärest du dem ärmsten Bettler gleich,
bleibt dir ein Freund, so bist du reich.
Doch wer den höchsten Königsthron gewann
und keinen Freund hat, ist ein armer Mann.

Friedrich Martin von Bodenstedt

Es gibt wohl hier und da auf Erden
eine Art Fortsetzung der Liebe, bei der
jenes habsüchtige Verlangen zweier
Personen nach einander einer neuen
Begierde und Habsucht, einem
gemeinsamen höheren Durste nach
einem über ihnen stehenden Ideal
gewichen ist; aber wer kennt diese
Liebe? Wer hat sie erlebt? Ihr rechter
Name ist Freundschaft.

Friedrich Nietzsche

Hast du etwas,
so teile mir's mit,
und ich zahle, was recht ist;
Bist du etwas,
o dann tauschen die Seelen wir aus.
Friedrich von Schiller

Wem der große Wurf gelungen,
Eines Freundes Freund zu sein,
Wer ein holdes Weib errungen,
Mische seinen Jubel ein!
Ja - wer auch nur eine Seele
Sein nennt auf dem Erdenrund!
Und wer's nie gekonnt, der stehle
Weinend sich aus diesem Bund.
Friedrich von Schiller

Wohl, wenn ins Eis des klügelnden Verstandes
Das warme Blut ein bißchen muntrer springt!
Laß den Bewohnern eines bessern Landes,
Was nie dem Sterblichen gelingt.
Friedrich von Schiller

Über alles Glück geht der Freund,
der's fühlend erst erschafft, der's liebend mehrt.
Friedrich von Schiller

Das Band der Freundschaft verbindet
enger als das des Blutes oder der
Schwägerschaft; denn die Freunde
haben wir, wie wir sie uns wählen, die
Verwandten aber, wie das Glück sie uns gibt.

Giovanni Boccaccio

Wer Freunde sucht,
ist sie zu finden wert,
Wer keinen hat,
hat keinen noch begehrt.

Gotthold Ephraim Lessing

Wohltaten hören auf, Wohltaten zu sein,
wenn man sucht, sich für sie bezahlt zu machen.

Gotthold Ephraim Lessing

Wie könnt' ich dein vergessen!
Dein denk ich allezeit.
Ich bin mit dir verbunden,
mit dir in Freud' und Leid.
Ich will für dich im Kampfe stehn,
und sollte es sein, mit dir vergehn.
Wie könnt' ich dein vergessen!
Dein denk ich allezeit.
Wie könnt' ich dein vergessen!
Ich weiß, was du mir bist,
solang ein Hauch von Liebe
und Leben in mir ist.
Ich suchte nichts, als dich allein,
als deiner Liebe wert zu sein.
Wie könnt' ich dein vergessen!
Ich weiß, was du mir bist.

Hoffmann von Fallersleben

Das größte Glück des Menschen ist,
daß er selber Urheber seiner Glückseligkeit ist,
wenn er fühlt das zu genießen,
was er selber sich erworben hat.
Immanuel Kant

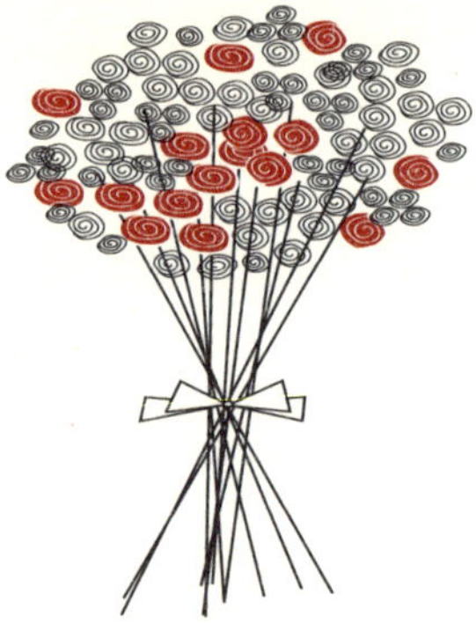

Glückselig, wem die Seele keinen Vorwurf macht,
und dessen Zuversicht nicht leer zusammenfällt!
Jesus Sirach 14,2

Gib deine Seele nicht den Sorgen hin; und bring'
dich nicht zu Fall mit deinem Grübeln!
Jesus Sirach 30,21

Ja, mein Guter, man hat von seinen Freunden
zu leiden gehabt!
Johann Wolfgang von Goethe

Ein edler Mensch zieht edle Menschen an
Und weiß sie festzuhalten...
Johann Wolfgang von Goethe

Die wahre Freundschaft zeigt sich im Versagen
zur rechten Zeit, und es gewährt die Liebe
gar oft ein schädlich Gut, wenn sie den Willen
des Fordernden mehr als sein Glück bedenkt.
Johann Wolfgang von Goethe

Du hast uns oft im Traum gesehen
Zusammen zum Altare gehen,
Und dich als Frau, und mich als Mann.
Oft nahm ich wachend deinem Munde
In einer unbewachten Stunde,
So viel man Küsse nehmen kann.

Sie sind, die süß verträumten Stunden,
Die durchgeküßten sind verschwunden,
Wir wünschen traurig sie zurück.
O wünsche dir kein größres Glücke;
Es flieht der Erden größtes Glücke,
Wie des geringsten Traumes Glück.
Johann Wolfgang von Goethe

Ich schicke da mein Bildnis dir.
Magst wohl die ernste Stirne sehen,
Der Augen Glut, der Locken Wehen;
's ist ungefähr das garstge Gesicht -
Aber meine Liebe siehst du nicht.
Johann Wolfgang von Goethe

Selig, wer sich von der Welt
ohne Haß verschließt,
einen Freund am Busen hält
und mit dem genießt.
Johann Wolfgang von Goethe

Es kommt nicht darauf an,
daß die Freunde
zusammenkommen,
sondern darauf, daß sie
übereinstimmen.

Johann Wolfgang von Goethe

Pfeiler, Säulen kann man brechen,
Aber nicht ein freies Herz:
Denn es lebt ein ewig Leben,
Es ist selbst der ganze Mann,
In ihm wirken Lust und Streben,
Die man nicht zermalmen kann.

Johann Wolfgang von Goethe

Ich hab ein Liebchen, lieb recht von Herzen,
hellfrische Augen hat's wie zwei Kerzen,
und wo die spiegelnd streifen das Feld,
ach, wie so lustig glänzt die Welt!

Wie in der Waldnacht zwischen den Schlüften
plötzlich die Täler sonnig sich klüften,
funkeln die Ströme, rauscht himmelwärts
blühende Wildnis - so ist mein Herz!
Wie vom Gebirge ins Meer zu schauen,
wie wenn der Seefalk, hangend im Blauen,
zuruft der dämmernden Erd, wo sie blieb? -
So unermeßlich ist rechte Lieb!

Joseph von Eichendorff

Mir ist, als müßt ich singen
So recht aus tiefster Lust
Von wunderbaren Dingen,
Was niemand sonst bewußt.

O könnt ich alles sagen!
O wär ich recht geschickt!
So muß ich still ertragen,
Was mich so hoch beglückt.

Joseph von Eichendorff

Wie jauchzet meine Seele
und singet in sich!
Kaum, daß ich's verhehle,
so glücklich bin ich.

Rings Menschen, die sich drehen
und sprechen gescheut,
ich kann nichts verstehen,
so fröhlich zerstreut. -

Zu eng wird das Zimmer,
wie glänzet das Feld,
die Täler voll Schimmer,
weit herrlich die Welt!

Gepreßt bricht die Freude
durch Riegel und Schloß,
fort über die Heide!
Ach, hätt ich ein Roß! -

Und frag ich und sinn ich,
wie mir so geschehen?: -
Mein Liebchen herzinnig,
Das soll ich heut sehn!

Joseph von Eichendorff

Blicke in dein Inneres! Da drinnen ist
eine Quelle des Guten,
die niemals aufhört zu sprudeln,
solange du nicht aufhörst, nachzugeben.

Marc Aurel

Wer jedermanns Freund sein will,
der ist der meine nicht.

Moliére

Zart ist der Faden der Freundschaft,
doch unzertrennlich wie jene Kette, die
Himmel und Meer und die Gestirne
umschlingt, aber auch dehnbar wie
Gold, er windet in lieblichen Knoten
selbst um die Freunde sich leicht,
welche das Schicksal getrennt.

Novalis

Einem Kameraden hilft man.
Einem Kollegen mißtraut man.
Mit einem Freunde ist man albern.

Peter Bamm

Durch Eintracht wächst das Kleine,
durch Zwietracht zerfällt das Größte.

Sallust

Besser in der Tasche kein Geld
als ohne Freund in dieser Welt.

Sprichwort

Ein treuer Freund liebt mehr und
steht fester bei denn ein Bruder.
Sprüche 18,24

Wo Hoffart ist, da wird auch Schmach sein;
wo aber Demut ist, da ist die Weisheit.

Die Einfalt führt die Gerechten:
aber die Hinterlist stürzt die Treulosen ins
Verderben.
Sprüche Salomons

Erst seit ich liebe, ist das Leben schön,
erst seit ich liebe, weiß ich, daß ich lebe.
Theodor Körner

Ein guter, edler Mensch, der mit uns
gelebt, kann uns nicht genommen
werden; er läßt eine leuchtende Spur
zurück gleich jenem erloschenen
Sternen, deren Bild noch nach
Jahrhunderten die Erdbewohner sehen.
Thomas Carlyle

Wo du bist und wo ich sei,
ferneweg und nahebei;
überall und auch indessen
werd' ich deiner nicht vergessen;
dein gedenk' ich still erfreut,
selbsten in der Einsamkeit;
ja, im dicksten Publikum
schwebt mein Geist um dich herum.
Wilhelm Busch

Freunde, Bekannte und Nachbarn

Glücklich ist, wer sein Schicksal nie als Schlag empfindet,
sondern als Chance, sein Leben zu gestalten.

Soviel Stern am Himmel stehen,
Soviel Schäflein, als da gehen
In dem grünen Feld,

Soviel Vöglein, als da fliegen,
Als da hin und wieder fliegen,
So vielmal seist du gegrüßt!

Das Beste,
was der Mensch
für einen and'ren
tun kann,
ist doch immer das,
was er für ihn ist.
Adalbert Stifter

Jede Gabe ist ein Geschenk Gottes,
der Charakter aber ist ein Produkt der eigenen Seele,
weshalb Gaben entzücken,
Charaktere aber geliebt werden.
Adalbert Stifter

Nicht für die kurze Zeit -
Freundschaft ist für die Ewigkeit!
Aus "Des Knaben Wunderhorn"

Der glücklichste Mensch ist derjenige,
der die Einheit seines Ichs zu wahren weiß,
dessen Persönlichkeit weder in sich selbst gespalten,
noch gegen die ganze Außenwelt feindlich gesinnt ist.
Bertrand Russell

Man kann die Menschen entbehren,
aber man bedarf eines Freundes.
Chinesische Weisheit

Irdische Güter sind nicht immer unser Verdienst,
sondern oft Geschenke eines blinden Zufalls.
Freundschaft jedoch, die sich bewährt und dauert,
ist ein verdientes Glück.
Deshalb ist sie nur unter Menschen möglich,
die Nächstenliebe besitzen und
nicht nur an ihren eigenen Vorteil denken.
Cicero

Von allen Dingen, die das Glück des Lebens ausmachen,
schenkt die Freundschaft uns den größten Reichtum.
Epikur

Von allen Geschenken,
die uns eine weise Voraussicht gewährt,
um das Leben völlig beglückend zu gestalten,
ist Freundschaft das schönste.
Epikur

Schön ist, Mutter Natur,
deiner Erfindung Pracht,
auf die Fluren verstreut,
schöner ein froh Gesicht,
das den großen Gedanken
deiner Schöpfung noch einmal denkt.

Aber süßer ist noch, schöner und reizender,
in dem Arme des Freundes wissen ein Freund zu sein,
so das Leben genießen,nicht unwürdig in Ewigkeit!

Friedrich Gottlieb Klopstock

Also will es die Art edler Seelen:
Sie wollen nichts umsonst haben,
am wenigsten das Leben.
Allein der Unedle will umsonst leben.

Friedrich Nietzsche

Es ist eine rechte Gottesgabe
um einen weisen und sorgfältigen Freund.

Friedrich von Schiller

Glück: der Zustand des still lachenden
Eins-Seins mit der Welt.

Hermann Hesse

Heiterkeit ist der Himmel,
unter dem alles gedeiht.

Jean Paul

Ein guter Wille ist die beste Würze.

Johann Wolfgang von Goethe

Der ist nicht fremd,
der teilzunehmen weiß.
Johann Wolfgang von Goethe

**Wenn der Mensch sich
selbst bleibt,
bleibt ihm viel.**
Johann Wolfgang von Goethe

Schicksal des Menschen,
wie gleichst du dem Wind!
Johann Wolfgang von Goethe

Die gute Tat, das schöne Wort,
es strebt unsterblich.
Johann Wolfgang von Goethe

Denn höher mag sich niemand zu heben,
als wenn er vergibt.
Johann Wolfgang von Goethe

Fromme Wünsche, Freundes Wort,
Waltet in dem Büchlein fort!
Johann Wolfgang von Goethe

Das Vortreffliche, die Tugend,
das Ausnehmende macht die Ausnahme,
nicht die Regel der Welt.
Johann Wolfgang von Goethe

Die Erde freut sich einer treuen Seele,
Der Himmel gibt ihr Segen und Gedeihn.
Johann Wolfgang von Goethe

Die Menschen sollen nur bewundern,
daß ein Mensch noch Tugenden hat.
Die Fehler verstehen sich von selbst.
Johann Wolfgang von Goethe

Ein jeder denkt in seinem Dunst,
Andrer Verdienst sei winzig klein.
Bewahre jeder die Vergunst,
Auf seine Weise toll zu sein.
Johann Wolfgang von Goethe

Es kommen im Leben mehr unerwartete,
wunderbare, wunderbare Dinge vor,
und es wäre schlimm, wenn alles im Gleise ginge.
Wolfgang von Goethe

Man fängt wieder an, an das Leben zu glauben,
wenn man Menschen sieht,
die so tüchtig und redlich wirken, gegen so viele,
die nur wie das Rohr vom Winde
hin und her geweht werden.
Johann Wolfgang von Goethe

Mit fremden Menschen nimmt man sich zusammen,
da merkt man auf, da sucht man seinen Zweck
in ihrer Gunst, damit sie nutzen sollen.
Allein bei Freunden läßt man frei sich gehn,
man ruht in ihrer Liebe, man erlaubt
sich eine Laune, ungezähmter wirkt
die Leidenschaft, und so verletzen wir
am ersten die, die wir am zartesten lieben.
Johann Wolfgang von Goethe

Selbst ist der Mann!
Wer Thron und Kron begehrt,
Persönlich sei er solcher Ehren wert.
Johann Wolfgang von Goethe

Vergebung erhalten ist für mein Herz ebenso süß
als Dank verdienen, ja noch süßer,
denn die Empfindung ist uneigennütziger.
Wolfgang von Goethe

Vielfach ist der Menschen Streben,
Ihre Unruh, ihr Verdruß;
Auch ist manches Gut gegeben,
Mancher liebliche Genuß;
Doch das größte Glück im Leben
Und der reichlichste Gewinn
Ist ein guter, leichter Sinn.
Johann Wolfgang von Goethe

Wie glücklich ist der über alles, der, um sich mit dem
Schicksal in Einigkeit zu setzen, nicht sein ganzes
vorhergehendes Leben wegzuwerfen braucht!
Johann Wolfgang von Goethe

Das Wesen der Freundschaft:
sich aufrichtig Ermahnungen geben
und sich einander auf den guten Weg führen.
Konfuzius

Vergiß nicht - man benötigt nur wenig,
um ein glückliches Leben zu führen.
Marc Aurel

Eine gescheite Frau hat Millionen geborener Feinde:
- alle dummen Männer.
Marie von Ebner-Eschenbach

Man muß glücklich sein,
um glücklich zu machen.
Und man muß glücklich machen,
um glücklich zu bleiben.
Maurice Maeterlinck

Freundschaft besteht darin,
daß man einander nie im Stich läßt.
Mongolisches Sprichwort

Jedermann kann für die Leiden eines Freundes
Mitgefühl aufbringen.
Es bedarf aber eines wirklich edlen Charakters,
um sich über die Erfolge eines Freundes zu freuen.
Oscar Wilde

Glück ist, Freunde zu haben.
Schottisches Sprichwort

Es sollt' ein Freund
des Freundes Schwächen tragen.
Shakespeare

Wahres Glück wird nicht geringer, wenn man es den anderen freigiebig zuteil werden läßt.
Theodor Fontane

Laß dich nicht ängstigen, nichts dich erschrecken!
Alles geht vorüber, Gott allein bleibt derselbe. Wer Gott hat,
der hat alles. Gott allein genügt.
Theresia von Avila

Für den Menschen, welcher den
Wunsch hat, gerecht zu sein, ist nichts
so wichtig wie die Fähigkeit der
Unterscheidung zwischen dem, das
auf den Scheiter-, und dem, das auf
den Misthaufen gehört.
Werner Bergengruen

Es ist ziemlich hart,
das Glück nie erreicht zu haben;
sehr viel härter aber ist,
es wieder zu verlieren.
Xenophon

Geburt

Alle lieben Engelein
sollen immer bei dir sein,
damit Böses vor dir flieht
und dir nie ein Leid geschieht.
Wie ich bete nun für dich,
bete, bitte du für mich.

Darauf wollen wir die Gläser heben:
Das neugeborne Kind soll leben!
Stoßt an, es soll jetzt von allen
ein frohes “Lebe hoch” erschallen!

Das Kind ist da, es ist passiert.
Man wünscht euch Glück, man gratuliert!
Vorbei ist jetzt das Rätselraten
ob es wird ein Mädchen oder Junge.
Hauptsach’, das Kind ist wohlgeraten
und schreit aus voller Lunge!

Dem Himmel sei Dank,
der deine bange Stunde
in Glückseligkeit verwandelt!
Wie stolz, voll Liebe hängt dein Blick
an deinem kleinen Kinde.
Aus seinen großen Augen
strahlt es dich fragend an,
weil es mit seinem Munde
dir noch nichts sagen kann.
Sei mir gegrüßt aus vollem Herzen,
ich freu mich wirklich sehr mit dir.
Und vergiß schnell alle Schmerzen
Endlich liegt das Baby in den Armen dir!

Dir soll die Zukunft Blüten tragen,
in hellen Farben, leuchtend schön.
Glück und Freude solln an allen Tagen
hell über deinem Leben stehn!

Du wirst nicht unberührt
von Trauer bleiben,
oder unberührt
von anderen Menschen.

Doch soll dich
in deinem Leben auch
etwas berühren,
das schwer zu beschreiben ist:
Es heißt "Gnade" und kommt von Gott.
Denn wer sie erleben darf,
für den ist sie wie Morgenlicht.

Man kann sie sich zwar wünschen
aber nicht erzwingen.
Wenn sie dich jedoch berührt,
dann weißt du: Es ist gut.

Ein Schwesterchen, hurra,
ein Schwesterchen ist da!
Nun werden wir es schützen
vor Dieben und vor Blitzen.
Wir teilen mit ihm ein Süppchen,
wir schenken ihm ein Püppchen.
Wir wolln dem neuen Leben
unsre ganze Liebe geben!
Unser Schwesterchen, hurra,
unser liebes Schwesterchen ist da!
(Kann auch für ein Brüderchen verwendet werden.)

Ich wünsche dem kleinen Kind
nicht unbedingt
ein Leben ohne Entbehrung,
ohne Schmerz und Störung.
Das wäre unrealistisch
und vieleicht auch gar nicht gut.

Ich wünsche ihm aber,
es soll bewahrt sein
an Leib und Seele.
Es soll im Leben einen kennen,
der es trägt und schützt,
der es durch alles,
was ihm und
seiner Zeit geschieht,
dem Ziel seines
Lebens entgegenführt.

Kaum ist es angekommen,
das kleine Kindchen, unser Schatz,
heißen wir herzlich dich willkommen:
Du hast in unsern Herzen Platz,
den schönsten Platz genommen.
Wir wünschen, in dem langen Leben dein
sei kaum Trübsal, doch viel Sonnenschein!

Mit den besten Wünschen wolln wir grüßen,
dich, liebes, gutes, langersehntes Kind,
die dir kleinem Menschlein, dem süßen,
aus vollem Herz gewidmet sind.

Wir wünschen, daß dein Leben helle,
Licht und Glanz wird, Sonnenschein!
Der reinen Freude reiche Quelle
soll deine ganze Zukunft sein!

Mit dir kam Glück in euer Haus,
und glücklich sollst du werden.
Noch ruhst du dich im Bettchen aus,
weißt kaum was von der Erden.

Da du liebe, treue Eltern hast,
kann dir nicht viel passieren.
Und wird das Leben dir zur Last,
soll Lächeln bald dich zieren.

Mit großer Freud haben wir vernommen,
Daß bei euch ein Baby angekommen,
Unser aller kleiner Sonnenschein.
Daß es gesund und froh gedeihe
Sich selbst und euch des Lebens freue,
Dies soll unser Glückwunsch sein!

Wir wünschen euch und eurem Kinde
an Glück, soviel das Herz nur faßt.
Und ein Willkommensangebinde
sei Gruß dem neuen Erdengast.

Er soll ein braver Junge werden
und euch zur Freude gut gedeih'n.
Ihm leuchte im Gestrüpp der Erden
des Lebens schönster Sonnenschein.

Euch Eltern aber sei beschieden,
was ihr nur wünscht für euch und ihn.
Im kleinen Heim solln Lust und Frieden
bestehen als des Daseins Sinn!

So, wenn ich schaue in dein Antlitz mild,
Wo tausend frische Lebenskeime walten,
Da ist es mir, als ob Natur mein Bild
Mir aus dem Zauberspiegel vorgehalten.
Annette von Droste-Hülshoff

So eng auch Freundschaft, Liebe und Ehe
Menschen verbindet:
ganz ehrlich meint jeder es am Ende
doch nur mit sich selbst
und höchstens noch
mit seinem Kinde.
Arthur Schopenhauer

Erst, wenn man genau weiß, wie die
Enkel ausgefallen sind,
kann man beurteilen,
ob man seine Kinder guterzogen hat!
Erich Maria Remarque

Kinder laufen fort.
Lang her kann's noch gar nicht sein,
kamen sie zur Tür herein,
saßen zwistiglich vereint
alle um den Tisch.

Kinder laufen fort.
Und es ist schon lange her.
Schlechtes Zeugnis kommt nicht mehr.
Stunden Ärgers, Stunden schwer:
Scharlach, Diphtherie!

Kinder laufen fort.
Söhne hangen Weibern an.
Töchter haben ihren Mann.
Briefe kommen, dann und wann,
nur auf einen Sprung.

Kinder laufen fort.
Etwas nehmen sie doch mit.
Wir sind ärmer, sie sind quitt.
Und die Uhr geht Schritt für Schritt
um den leeren Tisch.

Franz Werfel

Wenn ich, o Kindlein, vor dir stehe,
Wenn ich im Traum dich lächeln sehe,
Wenn du erglühst so wunderbar,
Da ahne ich mit süßem Grauen:
Dürft ich in deine Träume schauen,
So wär mir alles, alles klar.

Dir ist die Erde noch verschlossen,
Du hast noch keine Lust genossen,
Noch ist kein Glück, was du empfingst;
Wie könntest du so süß denn träumen,
Wenn nicht noch in jenen Räumen,
Woher du kamst, du dich ergingst?

Friedrich Hebbel

Ihm ruhen noch im Zeitenschoße
die schwarzen und die heitern Lose.
Der Mutterliebe zarten Sorgen,
bewachen seinen goldenen Morgen.

Friedrich von Schiller

Ach lieber Herre Jesus Christus,
weil Du ein Kind gewesen bist,
so gib auch diesem Kindelein
die Gnad und auch den Segen Dein.
Ach Jesus, Herre mein,
behüt dies Kindelein.

Heinrich von Laufenberg

Was eine Kinderseele
aus jedem Blick verspricht!
So reich ist doch an Hoffnung
ein ganzer Frühling nicht.

Hoffmann von Fallersleben

Kein Boden, der nicht Früchte brächte.
Sä nur! Und harre in Geduld!
Und klagst du an die Schicksalsmächte,
Ob eines Lebens voller Tränennächte,
Glaub' mir: dein eigen Herz hat Schuld!

Japanische Weisheit

Nun darfst du in ihm leben
und bist nie mehr allein,
darfst in ihm atmen, weben
und immer bei ihm sein.
Den keiner je gesehen,
noch künftig sehen kann,
will dir zur Seite gehen
und führt dich himmelan.

Jochen Klepper

Wenn ich mir rechne,
der Umgang mit Kindern macht mich froh und jung.

Johann Wolfgang von Goethe

Dein Geist wird dich leiten,
in jedem Augenblick das Rechte zu wirken.
Johann Wolfgang von Goethe

Denn wir können die Kinder nach unserem Sinne
nicht formen, so wie Gott sie uns gab,
so muß man sie haben und lieben, sie erziehen aufs beste
und jeglichen lassen gewähren,
denn der eine hat die, die andern andre Gaben.
Johann Wolfgang von Goethe

Es ist ein frommer Wunsch aller Väter, das was ihnen selbst
abgegangen, an den Söhnen realisiert zu sehen.
Johann Wolfgang von Goethe

Vor Gott muß man sich beugen,
weil er so groß ist,
vor dem Kinde,
weil es so klein ist!
Peter Rosegger

Vater werden ist nicht schwer,
Vater sein dagegen sehr.
Ersteres wird gern geübt,
weil es allgemein beliebt.
Selbst der Lasterhafte zeigt,
daß er gar nicht abgeneigt;
nur er will mit seinen Sünden
keinen guten Zweck verbinden,
sondern, wenn die Kosten kommen,
fühlet er sich angstbeklommen.
Dieserhalb besonders scheut
er die fromme Geistlichkeit,
denn ihm sagt ein stilles Grauen:
das sind Leute, welche trauen.

Wilhelm Busch

Geburts- und Namenstag

Dein Namenspatron soll Jahr um Jahr
dir seinen Segen bringen.
Wie er, so bleibe fromm und wahr,
dann wird im Leben immerdar
das Gute dir gelingen!

Der liebe Gott soll leiten
in gute Bahnen dein Lebensglück.
Dann kommst du heil durch Dünn und Dick,
dann wird dein neues Lebensjahr
vielleicht schöner noch, wie's alte war!

Nicht das langdauernde Alter
ist der Ehre wert,
und nicht nach der Zahl der Jahre
wird es gemessen,
als altersgrau gelte vielmehr
Weisheit bei den Menschen,
und als Greisenalter
ein fleckenloses Leben.

Gottes Segen, Himmels Walten
mögen ~~Euch~~ Dich gesund erhalten,
ein bißchen Glück, vergnügt und heiter,
bleibe ständig Dein Begleiter!

Alle kommen heut mit guten Wünschen
zu dir, lieber Alfred, in dein Haus.
Von der Freunden und Verwandten Menge
schließt sich heute keiner aus.
Alle wollen Glück dir wünschen,
alle wollen bei dir sein,
alle wollen am heut'gen Tage
sich mit dir von Herzen freun.
laß auch mich in ihrem Kreise
heut mit meinem Glückwunsch stehn.
Ganz kurz: Es soll dir immer,
lieber Alfred, wohlergehn.
Und das Schicksal möge dir gewähren
viel' gesunde Lebensjahr
und den Grund, mit dir zu feiern,
uns gewähren noch viel dutzendmal!
(Kann man nicht nur Alfreds widmen).

Das schönste, beste Los auf Erden
soll heut dir gegeben werden:
Gesundheit, Glück, Geld und Gut,
Zufriedenheit und froher Mut!
Von Sorgen frei und freudenhelle
soll für dich dies Jahr jetzt sein
und wie die Blumen an der Quelle
soll das Glück für dich erblühn!
Genieße deines Lebens Freuden
und danke herzlich dem Geschick!
Sollten treffen dich auch kleine Leiden,
so würd'ge sie mit keinem Blick!

Von einem Heiligen hast du den Namen.
Sein gutes Vorbild sei der Samen,
der in deinem Leben Wurzeln schlägt
und dich heil durch dein Leben trägt.

Dein Name sei dein Leben,
drum ward er dir gegeben.
Er leite als ein Segen
dein ganzes Erdenleben.

Dein Name soll dein Vorbild werden,
drum ward er dir gegeben.
So wie dein Heiliger auf Erden
gestalt' auch du dein Leben.

Der Heilige, nach dem du heißt
steht stützend dir zur Seite
und gibt auch in der größten Not
dir schützend sein Geleite.

So soll dein Namenstag in jedem Jahr
dir seinen Segen bringen.
Sei wie er so fromm und wahr,
dann wird dein Leben dir gelingen!

Dir soll nicht irgendwo
ein weißer Hirsch oder ein Königssohn
oder eine Fee begegnen,
die dich reich macht.
Aber du sollst Augen haben,
damit du es siehst,
wenn dir in deinem Leben
ein Wunder begegnet.

Heut an deinem Namenstage
wünsche ich das Beste dir,
daß dein Herz stets für mich schlage,
mein Liebling, wünsch ich mir!
Könntest du ins Herz mir blicken,
meine heiße Liebe sehn,
oh, ich würd', dich zu beglücken,
gerne alle Wege gehn!
Mögen noch der Tage viele
glücklich uns beisammen sehn,
und wir hin zum schönen Ziele
Hand in Hand verschlungen gehn!

Liebe, gute Mutter, ich will dir
zu deinem heut'gen Wiegentage
gerne alles sagen, was ich hier
in meinem Herzen für dich fühle.
Und deswegen tue ich ganz laut kund:
Liebe Mutter, bleib gesund!

Ich wünsche dir,
daß du dein Leben nicht
unberührt von den Menschen verbringst,
als wärst du irgendwo in der Stille
an einem See, wie in den Ferien.

Du sollst hin und wieder eine Stunde haben,
in der deine Seele still liegt
wie Wasser auf einem See
und das Licht sich in ihr spiegelt.

Lebe! Liebe! Lache!
Auf diese Weise mache
dein neues Jahr zu einem Fest,
das dich dein Leben feiern läßt.
Es soll das neue Lebensjahr
noch besser sein, wie's alte war!

Leben sollst du
und im Licht stehen,
auch wenn es Winter wird.
Denn die Jahreszeiten
haben in der Natur, aber auch im Leben
ihre eigenen Gesetze.
Selbst der Frost
hat einen Sinn.
Auch die Liebe muß es aushalten,
manchmal zu schweigen, sich nach innen
zu wenden.
Erlebe also auch das Eis des Winters
als eine Herrlichkeit von Gott.

Liebe Erika, ich bin hier,
und ich gratuliere dir;
wünsche dir das Allerbeste
heut, zu deinem Wiegenfeste.
Welken meine Blumen auch dahin -
nie verwelkt, was wir erhoffen:
Heiterkeit und froher Sinn
halten unsre Herzen offen!
(Reimt sich auch mit anderen Namen.)

Wir wünschen Gottes reichen Segen,
Frieden und Freude auf allen Wegen,
Weder Krankheit auch und Leid!
Wir wünschen Glück bei allen Dingen,
alle Werke mögen dir gelingen
und du sollst froh erwachen alle Zeit!

Liebe, gute Omama,
heute sind wir alle da,
um mit dir zu sein so froh
wie auf dem Hund ein kleiner Floh!
Sehr heiter und auch wunderschön
soll dein Geburtstag heut vergehn.
Für dein Geschenk tat ich mich fleißig bücken,
um frische Blumen dir zu pflücken.
Ich habe auch ein Bild von dir gemalt
und hoffe, du wirst 100 Jahre alt!

Mindestens die Hälfte deiner Wünsche
soll in Erfüllung gehen, und die schmerzlichen
Prüfungen sollst du leicht bestehen,
doch bewahre vor allem deine Heiterkeit,
weil dich so das Leben viel mehr freut.

Weil wir feiern dein Geburtstagsfest,
sprang ich ganz früh heut aus dem Nest
und bringe dir als meinen lieben Morgengruß
dein Frühstück ans Bett mit einem Kuß.
Was man sich Gutes denken mag,
das wünsch ich Dir zu diesem Tag.

Wer wie Du so angenehm tagtäglich,
so freundlich ist und so verträglich,
so herzlich, ohne sich zu zieren,
dem wird man gerne gratulieren:
Das neue Lebensjahr sei heiter;
Glück sei dein ständiger Begleiter!

Wie Gott durch viele lange Jahre
beschützt geführt dich bis hierher,
so bitt ich heute: Er bewahre
dir seine Gnade mehr und mehr.

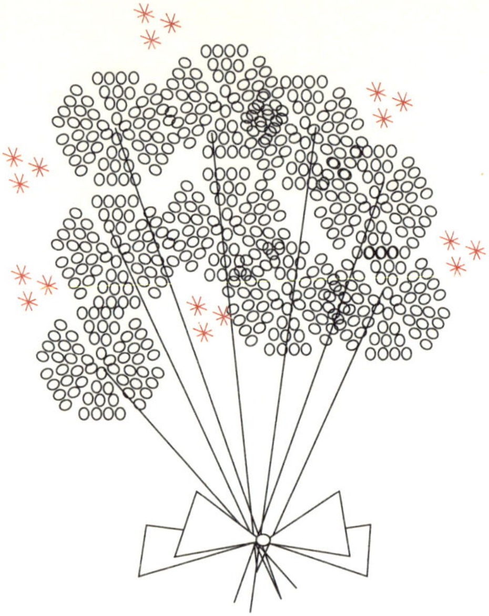

Er möge für dein künft'ges Leben
dir Kraft, Gesundheit, frohen Mut
und seinen reichen Segen geben
als unsres Lebens höchstes Gut!

Wo Herz und Tatkraft sind verbunden,
wo Nächstenliebe, Freundlichkeit
ganz selbstverständlich sich gefunden,
da ist auch Freundschaft Selbstverständlichkeit
So hoffen wir an diesem Tag,
daß Gott dir dies erhalten mag!

Zu deinem Geburtstag wünsch ich dir:
nur Gutes komm zu deiner Tür.
Auf jedem Weg, zu jeder Zeit,
sei Gottes Segen dein Geleit!

Lieber Vater, ich bin hier,
denn ich gratuliere dir!
Wünsche dir das Allerbeste
heut, zu deinem Wiegenfeste.
Zum heutgen Tage Glück und Segen,
auf allen deinen Lebenswegen.

Hüt' vor dem Alltag,
was Du Heiliges hast!
Er verstaubt es Dir,
er macht Dir's zu Leid
mit seinem Neid,
er macht Dir's zur Last.
Hüt' vor dem Alltag,
was Du Heiliges hast!

Cäsar Flaischlen

Sieh nicht, was andre tun,
der andern sind so viel.
Du kommst nur in ein Spiel,
das nimmermehr wir ruhn.
Geh einfach Gottes Pfad,
laß nichts sonst Führer sein,
so gehst Du recht und grad,
und gingst Du ganz allein.
Christian Morgenstern

Ein Mensch kriegt eine schöne Torte.
Drauf steh'n in Zuckerguß die Worte:
"Zum heutigen Geburtstag Glück!"
Der Mensch ißt selber nicht ein Stück,
Doch muß er in gewaltgen Keilen
Das Wunderwerk ringsum verteilen.
Das "Glück", das "heu", der "tag" verschwindet,
Und als er nachts die Torte findet,
Da ist der Text nur mehr ganz kurz.
Er lautet nähmlich nur noch "burts".
Der Mensch, zur Freude jäh entschlossen,
Hat diesen Rest vergnügt genossen.
Eugen Roth

Im Garten blühn schon ein Weilchen
Schneeglöckchen, Krokus und Veilchen.
Da hab ich mich nicht lang bedacht
und ein schönes Sträußchen zurechtgemacht.
Das bringe ich dir zum Geburtstagsfest.
Der Frühling dich schön grüßen läßt.
Er sagt, mit allem Sonnenschein
kehrt er so gerne bei dir ein,
damit dein neues Lebensjahr
sei sonnig, fröhlich, hell und klar.
Friedrich Güll

Sag selbst, was ich Dir wünschen soll,
ich weiß nichts zu erdenken.
Du hast ja Küch' und Keller voll,
nichts fehlt in Deinen Schränken.

Friedrich von Schiller

**Nicht in die ferne Zeit
verliere Dich -
den Augenblick ergreife,
der ist Dein.**

Friedrich von Schiller

Wenn man dich haßt,
Wenn man dich liebt,
Wenn man dir nimmt,
Wenn man dir gibt,
Wenn man dich schilt,
Wenn man dich ehrt,
Und was dir sonst auch widerfährt,
Bleib ungestört und abgeschieden
In deinem Grund mit Gott zufrieden.

Gerhard Tersteegen

Laß ab dein Klag
Und hab' in dem allen Geduld,
Tröst dich der Gottes Gnad und Huld,
Der dir mancherlei Gab hat gegeben:
Voraus auf Erd so langes Leben,
Das ist ein Gottes Gnad und Gab.
Deshalb laß dein Ungeduld ab,
Trag frohmütig das Alter dein
Mit all den Gebrechen sein.
Hast an Leib abgenommen du,
So hat dein Gemüt genommen zu
In Verstand, Bitten und Tugend;
Darin übertriffst du die Jugend,
Die sich in manches Unglück stürzt,
Ihr oft das Leben selber kürzt.
Hast du gleich ein Unglück erlitten,
Hast du doch ehrlich es durchstritten,
Stehst wie ein triumphierend Pferd.
Des ist dein Alter ehrenwert,
Standhaft, lobwürdig und ganz adelig,
Das erhalt mir fortan untadelig,
Laß ab die Klage dein!

Hans Sachs

Durch Stolpern kommt man bisweilen weiter;
man muß nur nicht fallen und liegenbleiben.
Johann Wolfgang von Goethe

Wohl blühet jedem Jahre
sein Frühling, mild und licht,
auch jener große, klare,
getrost! Er fehlt Dir nicht;
es ist Dir noch beschieden
am Ziele Deiner Bahn,
Du ahnest ihn hinieden
und droben bricht er an.
Ludwig Uhland

Jeder Tag mag so gestaltet werden,
als ob er die Reihe der Tage beende
und das Leben restlos erfülle.
Wenn Gott uns dazu noch das Morgen schenkt,
so wollen wir es frohen Herzens hinnehmen.
Seneca

Ein fröhliches Herz
erheitert das Angesicht;
ein trauriges Gemüt
schlägt nieder den Geist.
Sprüche Salomons

Kummer, sei lahm! Sorge, sei blind!
Es lebe das Geburtstagskind!
Theodor Fontane

Es hilft uns kein Gedeutel,
so nimm es, wie es fällt:
Der eine hat den Beutel,
der andre hat das Geld.
Es läßt sich nichts erklopfen:
Der eine hat den Wein,
der andre hat die Pfropfen.
Man muß zufrieden sein!

Theodor Fontane

Halt Dein Rößlein nur im Zügel,
kommst ja doch nicht allzuweit,
Hinter jedem neuen Hügel
dehnt sich die Unendlichkeit.
Nenne niemand dumm und säumig,
der das Nächste recht bedenkt.
Ach, die Welt ist so geräumig,
und der Kopf ist so beschränkt.

Wilhelm Busch

Runder Geburtstag

Freude nach Trauer, Friede nach Streit,
Jubel nach Tränen, Lust nach dem Leid,
himmlische Freude wird uns dann zuteil;
auf Erden und droben ist Jesus das Heil.

Mit 20 hat jeder das Gesicht,
das Gott ihm gegeben hat,
mit 40 das Gesicht,
das ihm das Leben gegeben hat,
und mit 60 das Gesicht, das er verdient.
Albert Schweitzer

Erfahrung ist nicht das,
was einem Menschen geschieht,
sondern das,
was er daraus macht.
Aldous Leonard Huxley

Am guten Alten
in Treue halten;
am kräftigen Neuen
sich stärken und freuen,
wird niemand gereuen.
Emanuel Geibel

Alt werden selbst
des Königs schöne Wagen,
und auch der Körper
unterliegt dem Alter;
nicht unterliegt ihm
nur der Guten Tugend -
dies künden
samt und sonders uns die Guten.

Buddhistische Weisheit

Am Wegrand steht ein alter Baum.
Der ist verdorrt seit vielen Tagen.
Sein Kern ist schwarz, seit ihn der Blitz geschlagen.
Und doch erscheint noch frisch der Rinde Braun.
So gibt es viele, die ein Leid ertragen
Und nichts davon in ihrem Äußern klagen.

Chinesische Weisheit

Du weißt, mein Bester,
daß ich nichts beschönige.
Deshalb vergiß nicht,
was man sehr leicht vergißt:
Doppelt so alt
wie Du heute geworden bist,
werden nur wenige.

Erich Kästner

Liebe das Leben, und denk an den Tod!
Tritt, wenn die Stunde da ist, stolz beiseite.
Einmal leben zu müssen,
heißt unser erstes Gebot.
Nur einmal leben zu dürfen,
lautet das zweite.

Erich Kästner

Die Jugend ist meist so allwissend, daß sie alles weiß,
bis auf eines: daß auch einmal die Alten allwissend waren,
bis sie wirklich etwas wußten.

Ernest Hemingway

Klage nicht, daß dir im Leben
ward vereitelt manches Hoffen.
Hat, was du gefürchtet eben,
doch auch meist dich nicht betroffen.

Friedrich Rückert

Es trägt wohl mancher Alte,
des Herz längst nicht mehr flammt,
im Antlitz eine Falte,
die aus der Kindheit stammt.

Julius Hammer

Der Jugend wird oft der Vorwurf
gemacht, sie glaube immer, daß die
Welt mit ihr erst anfange. Wahr. Aber
das Alter glaubt noch öfter, daß mit
ihm die Welt aufhöre.
Was ist schlimmer?

Friedrich Hebbel

Des Menschen Alter:
Ein Kind vergißt sich selbst;
ein Knabe kennt sich nicht;
ein Jüngling acht' sich schlecht;
ein Alter nimmt Verdruß;
ein Greis wird wieder Kind -
Was meinst Du, was doch dies
für Herrlichkeiten sind.

Friedrich von Logau

Fröhlichkeit ist nicht die Flucht
vor der Traurigkeit, sondern
der Sieg über sie!

Gorch Fock

Welche Freude, wenn es heißt:
Alter, du bist alt an Haaren,
blühend aber ist dein Geist.

Gotthold Ephraim Lessing

Wem Zeit ist wie Ewigkeit,
Und Ewigkeit wie die Zeit,
Der ist befreit
Vor allem Streit.

Jakob Böhme

Keine Kunst ist's,
alt zu werden,
Es ist Kunst,
es zu ertragen.
Johann Wolfgang von Goethe

Das Schlimmste, was uns widerfährt,
Das werden wir vom Tag gelehrt.
Wer in dem Gestern Heute sah,
Dem geht das heut' nicht allzu nah,
Und wer im Heute sieht das Morgen,
Der wird sich rühren, wird sich sorgen.
Johann Wolfgang von Goethe

Daß alles vergeht, weiß man schon in
der Jugend; aber wie schnell alles
vergeht, erfährt man erst im Alter.
Marie von Ebner-Eschenbach

Das Alter ist ein höflicher Mann:
einmal übers andere klopft er an,
aber nun sagt niemand: Herein!
Und vor der Türe will er nicht sein.
Da klinkt er auf, tritt ein so schnell,
und nun heißt's, er sei ein grober Gesell.
Johann Wolfgang von Goethe

Ei, bin ich denn darum achtzig Jahre alt geworden,
daß ich immer dasselbe denken soll?
Ist strebe vielmehr täglich, etwas Anderes,
Neues zu denken, um nicht langweilig zu werden.
Man muß sich immerfort verändern, erneuern,
verjüngen, um nicht zu verstocken.
Johann Wolfgang von Goethe

Es ist der Mühe wert, lange zu leben
und die mancherlei Pein zu ertragen,
die ein unerforschlich waltendes Geschick
in unsere Tage mischt,
wenn wir zuletzt über uns selbst
durch andere aufgeklärt werden,
und das Problem unseres Strebens
und Irrens sich in der Karheit der Wirkungen auflöst,
die wir hervorgebracht haben.
Johann Wolfgang von Goethe

Staunen ist der erste Schritt zu einer Erkenntnis.
Louis Pasteur

Es ist gut, das Schicksal mit heiter bewundernder Ruhe
anzuschauen, das eigene auch.
Thomas Mann

Nie sollte man der Frauen Alter nennen,
weil sie sich doch nicht gern dazu bekennen,
wenn aber eine glüht voll Jugendfeuer
und Temp'rament hat, bald ungeheuer,
der Geist noch frisch wie Morgentau,
so ist dies keine alte Frau,
und keiner glaubt's wenn er's auch wüßt',
daß sie heute achtzig Jahre ist.

Ludwig Schmid-Wildy.

Ich kann die Achtung aller Menschen
entbehren, nur meine eigene nicht.
Meine Ehre steht in Niemandes Hand
als in meiner eigenen und kann
mich nicht überhäufen; die
eigene, die ich in meinem Herzen
trage, genügt mir vollständig und
niemand ist Richter darüber und kann
entscheiden, ob ich sie habe.

Otto von Bismarck

Ich lebe mein Leben in wachsenden Ringen,
die sich über die Dinge ziehn.
Ich werde den letzten vielleicht nicht vollbringen,
aber versuchen will ich ihn.

Rainer Maria Rilke

Eine Ehrenkrone ist das Alter;
auf dem Weg der Gerechtigkeit
wird es gefunden.

Sprüche Salomons

Ein fröhliches Gemüt
macht ein blühend Alter;
ein trauriger Geist
vertrocknet die Gebeine.
Sprüche Salomons

Der Jünglinge Frohlocken ist ihre Kraft;
und die Würde der Greise
ist ihr graues Haar.
Sprüche Salomons

Gold und Lachen
können das Alter zur Jugend machen.
Talmud

Courage ist gut, Ausdauer ist besser.
Theodor Fontane

Als ich in Jugendtagen
Noch ohne Grübelei,
Da meint ich mit Behagen,
Mein Denken wäre frei.

Seitdem hab ich die Stirne
Oft auf die Hand gestützt
Und fand, daß im Gerhirne
Ein harter Knoten sitzt.

Mein Stolz, der wurde kleiner.
Ich merkte mit Verdruß:
Es kann doch unsereiner
Nur denken wie er muß.
Wilhelm Busch

Da kommt mir eben so ein Freund
Mit einem großen Zwicker.
Ei, ruft er, Freundchen, wie mir scheint,
Sie werden immer dicker.

Ja, ja, man weiß oft selber nicht wie,
So kommt man in die Jahre;
Pardon, mein Schatz, hier haben Sie
Schon eins, zwei graue Haare! -

Hinaus, verdammter Kritikus,
Sonst schmeiß ich dich in Scherben,
Du Schlingel willst mir den Genuß
Der Gegenwart verderben!

Wilhelm Busch

Der alte Förster Püsterich,
Der ging nach langer Pause
Mal wieder auf den Schnepfenstrich
Und brachte auch eine nach Hause.

Als er sie nun gebraten hätt,
Da tät ihn was verdreußen;
Das Tierlein roch wie sonst so nett,
Nur konnt er's nicht mehr recht beißen.

Ach ja! so seufzt er wehgemut
Und wischt sich ab die Träne,
Die Nase wär so weit noch gut,
Nur bloß, es fehlen die Zähne.

Wilhelm Busch

Der alte Junge ist gottlob
Noch immer äußerst rührig;
Er läßt nicht nach, er tut als ob,
Wenn schon die Sache schwierig.

Wie wonnig trägt er Bart und Haar,
Wie blinkt der enge Stiefel.
Und bei den Damen ist er gar
Ein rechter böser Schliefel.

Beschließt er dann des Tages Lauf,
So darf er sich verpusten,
Setzt seine Zipfelkappe auf
Und muß ganz schrecklich husten.

Wilhelm Busch

Nur mit großer Traurigkeit
bleibt er vor dem Spiegel stehn,
um sein Bildnis zu besehn.

Wilhelm Busch

Es ist sichtbar ein Vorzug des Alters,
den Dingen der Welt ihre materielle Schärfe
und Schwere zu nehmen und sie mehr in das innere Licht
der Gedanken zu stellen, wo man sie in größerer,
immer beruhigender Allgemeinheit übersieht.

Wilhelm von Humboldt

Gute Besserung

Gestern ist der Frosch noch krank,
jetzt hüpft er wieder, Gott sei Dank!
Darüber freuen wir uns sehr.
Und ich - ich freu mich noch viel mehr!

Nach einer langen, langen Zeit
bist wieder du genesen.
Vorüber ist nun unser Leid,
daß du so krank gewesen.

Nun sehen wir nicht mehr zurück
auf jene bösen Stunden.
Wir wissen alle voller Glück,
du wirst bald ganz gesunden.

Jetzt hast du wieder neuen Mut
zum Schaffen und zum Leben.
Die Welt ist wieder schön und gut,
der du zurückgegeben.

Sei nur getrost -
nach trüben und wiederwärtigen Tagen
eilet des sanften Glücks
frohere Stunde herbei.

Hab oft im Kreise der Lieben
In duftigem Grase geruht
Und mir ein Liedlein gesungen,
Und alles war hübsch und gut.

Hab einsam auch mich gehärmet
In bangem düsterem Mut,
Und habe wieder gesungen,
Und alles war wieder gut.

Und manches, was ich erfahren,
Verkocht ich in stiller Wut,
Und kann ich wieder singen,
War alles auch wieder gut.

Sollst nicht uns lange klagen,
Was alles dir wehe tut,
Nur frisch, nur frisch gesungen!
Und alles wird wieder gut.

Adelbert von Chamisso

Tapfer ist, wer im Leiden gleich welcher Art immer getrosten Mutes bleibt. Mit Recht nennt man wahrhaftig das Tapferkeit, daß einer sich selbst besiegt, den Zorn bezwingt, durch keine Lockungen sich umstimmen und beugen läßt, im Unglück die Fassung nicht verliert, im Glück nicht übermütig wird und im Wandel der vielfach wechselnden Dinge nicht wie eine Windfahne hin und her schwankt.

Ambrosius von Mailand

Ich glaube, daß Krankheiten Schlüssel sind,
die uns gewisse Tore öffnen können.
Denn ich glaube, es gibt gewisse Tore,
die nur Krankheit öffnen kann.

André Gide

**Nicht krank sein genügt
durchaus nicht:
wacker, lustig, froh soll
der Mensch sein.**

Cornelius Tacitus

Stark sein im Schmerz, nicht wünschen,
was unerreichbar oder wertlos.
Für tausend bittere Stunden sich mit einer einzigen trösten,
welche schön ist, und mit Herz und Können sein Bestes
geben, auch wenn es keinen Dank erfährt.
Wer das kann, der ist ein Glücklicher.

Arthur Schopenhauer

Wie bin ich krank!
Gebt mir nur einen Trank,
Nur keine Pulver
Und keine Pillen,
Die können meinen Schmerz nicht stillen:
Wie bin ich krank!

Wie bin ich matt!
Kaum eß ich mich nur satt;
Des Fiebers Wüten
Durchwühlt den Körper,
Schwächt alle Glieder:
Wie bin ich matt!

Ich sterbe ja,
Drum gute Nacht;
Mein Testament ist gemacht,
Sag meiner Phyllis,
Sag mein Verlangen,
Dort seh ich sie, sie kommt gegangen;
Küß mir den Mund:
Ich bin gesund.

Aus "Des Knaben Wunderhorn"

Ein schöner, gerechter und
vornehmer Ausgleich der Dinge
besteht darin, daß, wie Krankheit und
Kummer übertragbar sind, nichts in
der Welt so sehr ansteckend wirkt wie
Gelächter und gute Laune.

Charles Dickens

Die Krankheit ist ein Hindernis für den Körper, nicht für den Willen, sofern dieser es nicht selbst so will.

Epiktet

Daß die Vögel der Sorge und des Kummers
über Deinem Haupte fliegen,
kannst Du nicht ändern.
Aber daß sie Nester
in Deinem Haar bauen,
das kannst Du verhindern.
Chinesische Weisheit

Ist nicht ein ungestörtes Glück
Weit schwerer oft zu tragen
Als selbst das widrigste Geschick,
Bei dessen Last wir klagen?
Christian Fürchtgott Gellert

Ich habe in guten Stunden
des Lebens Glück empfunden
und Freuden ohne Zahl:
So will ich denn gelassen
mich auch in Leiden fassen;
welch Leben hat nicht seine Qual?
Christoph Martin Wieland

Reich ist man nicht durch das,
was man besitzt,
sondern mehr noch durch das,
was man mit Würde zu entbehren weiß.
Epikur

Grausam unter stillen Sternen
würgt das Leben dich kaputt.
Heulst du? Laß dich nicht entkernen:
Lachen ist dein Menschengut!
Francois Rabelais

Das sind die Starken,
die unter Tränen lachen,
eigne Sorgen verbergen
und andre fröhlich machen.

Franz Grillparzer

Ob man traurig oder heiter gestimmt ist,
die Dinge gehen ihren Gang.
Und ein Ereignis mag gut oder schlecht sein,
man muß es hinnehmen und seinen Ärger
herunterschlucken,
wenn einem das Glück zuwider ist.

Friedrich der Große

Klage nicht so sehr über einen kleinen Schmerz;
das Schicksal könnte ihn durch einen größeren heilen!

Friedrich Hebbel

Glaube und Liebe und Hoffnung
sollen nie aus meinem Herzen weichen,
dann gehe ich, wohin es soll und
werde gewiß am Ende sagen:
Ich habe gelebt!
Und wenn es kein Stolz und keine
Täuschung ist, so darf ich wohl sagen,
daß ich in jeden Stunden nach
und nach, durch die Prüfung
meines Lebens, fester und
sicherer geworden bin.

Friedrich Hölderlin

Schweres Leid, das wir empfunden,
wird vom Glück nicht überwunden,
die Erinnerung bleibt zurück;
aber jahrelanges Glück
ist in wen'gen Leidenstunden
wie ein flücht'ger Traum entschwunden.

Friedrich Martin von Bodenstedt

Wenn der Tag nicht hell ist,
sei Du heiter!
Sonne und froher Sinn
sind Gottes Streiter.

Friedrich Rückert

Hoffnung ist ein fester Stab
und Geduld ein Reisekleid,
da man mit durch Welt und Grab
wandert in die Ewigkeit.

Friedrich von Logau

Groß ist, wer das Furchtbare
überwindet,
Erhaben ist, wer es, auch selbst
erliegend, nicht fürchtet.
Groß kann man sich im Glück, erhaben
nur im Unglück zeigen.

Friedrich von Schiller

Nicht an die Güter hänge Dein Herz,
die das Leben vergänglich zieren,
wer besitzt, der lerne verlieren,
wer im Glück ist, der lerne Schmerz.

Friedrich von Schiller

Wohl dem, der gelernt hat, zu
ertragen, was er nicht ändern kann,
und preiszugeben mit Würde, was er
nicht retten kann.

Friedrich von Schiller

Eine Freude
vertreibt hundert Sorgen!

Japanische Weisheit

Das Leben ist eine Tragödie für die,
die fühlen, und eine Komödie für die,
die denken.

Jean de la Bruyère

Die Sonne blickt mit hellem Schein
So freundlich in die Welt hinein.
Mach's ebenso, sei heiter und froh!

Johann Gottfried von Herder

Glücklich, daß das Schicksal, das uns quälet
Uns doch nicht verändern mag!
Johann Wolfgang von Goethe

Schon verloschen sind die Stunden,
Hingeschwunden Schmerz und Glück;
Fühl es vor: du wirst gesunden!
Traue neuem Tagesblick!
Johann Wolfgang von Goethe

Es ist manchmal, als wenn das,
was wir Schicksal nennen,
gerade an guten und verständigen Menschen
seine Tücke ausübte,
da es so viele Narren und Bösewichter
ganz bequem hinschlendern läßt.
Johann Wolfgang von Goethe

Wenn Gott Unglück über uns sendet,
gleicht er einem erfahrenen Landmann,
der den Busen seines Ackers mit der schärfsten
Pflugschar zerreißt, um es himmlischen
Samen und Einflüssen zu öffnen.

Johann Wolfgang von Goethe

Wir hoffen immer;
und in allen Dingen ist es
besser zu hoffen,
als verzweifeln.
Wenn wir wieder zu
echtem Gottvertrauen
zurückkehren, dann wird
für Furcht kein Raum
mehr in unserer Seele
sein.

Johann Wolfgang von Goethe

Unglück bildet den Menschen und zwingt ihn,
sich selber zu kennen,
Leiden gibt dem Gemüt doppeltes
Streben undKraft.
Uns lehrt eigener Schmerz,
der andren Schmerzen zu teilen.
Eigener Fehler erhält Demut und billigen Sinn.

Johann Wolfgang von Goethe

Allen Gewalten
zum trotz sich erhalten,
nimmer sich beugen,
kräftig sich zeigen,
rufet die Arme der Götter herbei.

Johann Wolfgang von Goethe

Alles Leiden hat etwas Göttliches;
denn insofern es Leiden ist,
muß es noch ertragen werden können,
obgleich schwer und mit Mühe.
Für eine Natur, die darunter erliegt oder es gar nicht fühlt,
ist es kein Leiden mehr.
Johann Wolfgang von Goethe

Der Geist der Medizin ist leicht zu fassen;
Ihr durchstudiert die groß' und kleine Welt,
Um es am Ende gehn zu lassen,
Wie's Gott gefällt.
Johann Wolfgang von Goethe

Seelenleiden,
in die wir durch Unglück
oder eigene Fehler geraten,
zu heilen,
vermag der Verstand nicht,
die Vernunft wenig,
die Zeit viel,
entschlossene Tätigkeit alles.
Johann Wolfgang von Goethe

Unglück ist auch gut. Ich habe viel in der Krankheit gelernt,
das ich niemals in meinen Leben hätte lernen können.
Johann Wolfgang von Goethe

Harre, hoffe. Nicht vergebens
zählest du der Stunden Schlag:
Wechsel ist das Los des Lebens,
und - es kommt ein andrer Tag.
Theodor Fontane

Menschen spannen die Segel,
richten die Maste -
aber ein Höherer sitzt am Ruder,
lächelt und spricht:
"So soll's seyn!"
Johannsen

Wem aber das Unglück
Das Herz zusammenzog,
Er sträubt vergebens
Sich gegen die Schranken
Des ehernen Fadens,
Den die doch bittre Schere
Nur einmal löst.
Johann Wolfgang von Goethe

Nach den Tränen stellt im Leben
sich oft auch das Lachen ein;
Tränen haben auch die Reben,
aber trotz der Tränen geben
sie den lust'gen, gold'nen Wein.
Justinus Kerner

Alles nimmt ein gutes Ende
für den, der warten kann.
Leo N. Tolstoi

Zwei Dinge lern' geduldig tragen:
Dein eigen Leid, der and'ren Klagen.
Marie von Ebner-Eschenbach

Wenn man das Dasein als eine Aufgabe betrachtet,
dann vermag man es immer zu ertragen.
Marie von Ebner-Eschenbach

Und all das Geld und all das Gut
gewährt zwar schöne Sachen,
Gesundheit, Schlaf und guten Mut
kann's aber doch nicht machen.
Matthias Claudius

Die meisten Menschen sterben an ihren Arzneien
und nicht an ihren Krankheiten.
Molière

Krankheiten, besonders langwierige, sind Lehrjahre der
Lebenskunst und der Gemütsbildung.
Novalis

Kluge Leute
freu'n sich des Heute; -
liebe wieder, was dich geliebt,
und genieße dankbar, was Gott dir gibt.
Theodor Fontane

Die Freude und der Schmerz,
die stritten um die Wette,
wer an das Menschenherz
das meiste Anrecht hätte.
Da trat die Lieb' hinzu
und sprach: O laßt das Streiten!
Mein ist das Menschenherz,
ihr sollt es nur begleiten.

Pauline Hoffmann

Wenn es im Leben kracht,
ist Humor
ein guter Stoßdämpfer.

Phil Bosmans

Humor trägt die Menschen
durch die Wüsten des Lebens
und sorgt dafür,
daß sie nicht zugrunde gehen,
in lauter Weh und Ach.

Phil Bosmans

Gegen Schmerzen der Seele
gibt es nur zwei Arzneimittel:
Hoffnung und Geduld.

Pythagoras

Die Tränen lassen nichts gelingen;
Wer schaffen will, muß fröhlich sein.
Theodor Fontane

Tröste dich, die Stunden eilen,
und was all dich drücken mag,
auch die schlimmste kann nicht weilen,
und es kommt ein andrer Tag.

In dem ew'gen Kommen, Schwinden,
wie der Schmerz liegt auch das Glück,
und auch heitre Bilder finden
ihren Weg zu dir zurück.

Harre, hoffe! Nicht vergebens
zählest du der Stunden Schlag:
Wechsel ist das Los des Lebens,
und es kommt ein andrer Tag.
Theodor Fontane

Wie wenn das Leben wär nichts anderes,
Als das Verbrennen eines Lichts!
Verloren geht kein einzig Teilchen,
Jedoch wir selber gehn ins Nichts!

Denn was wir Leib und Seele nennen,
So fest in eins gestaltet kaum,
Es löst sich auf in tausend neuerschaffnen Wesen
Stehn diese tausend Teilchen auf.

Das Wesen aber ist verloren,
Das nur durch ihren Bund bestand,
Wenn nicht der Zufall die verstäubten
Aufs neu zu einem Sein verband.
Theodor Storm

Graut dein Haar? Horchst du beklommen
nächtlich auf des Herzens Schlag?
Jede Stunde spricht: willkommen,
jeder Tag ist Schöpfungstag.

Hebt dich aus zerwühlten Kissen
jäh erdröhnendes Geläut,
ist die Nacht hinweggerissen,
und du atmest - hier und heut!

Wand und Zäune sind gewichen,
gelbes Licht fällt brausend ein,
und im Unerschütterlichen
sollst du neu zuhause sein.

Werner Bergengruen

Also hat es Dir gefallen
hier in dieser schönen Welt,
so daß das Vondannenwallen
Dir nicht sonderlich gefällt.

Laß Dich das doch nicht verdrießen.
Wenn Du wirklich willst und meinst,
wirst Du wieder aufersprießen;
nur nicht ganz genau wie einst.

Aber Alter, das bedenke,
daß es hier doch manches gibt,
zum Exempel Gicht und Ränke,
was im ganzen ungeliebt.

Wilhelm Busch

Es saß der fromme Meister
Mit Weib und Kind bei Tisch.
Ach, seine Lebensgeister
Sind nicht wie sonst so frisch.

Er sitzt mit krummem Nacken
Vor seinem Leibgericht,
Er hält sich beide Backen,
Worin es heftig sticht.

Das brennt wie heiße Kohlen.
Au, schreit er, au, verdammt!
Der Teufel soll sie holen,
Die Zähne allesamt!

Doch gleich, wie es in Nöten
Wohl öfter schon geschah,
Begann er laut zu beten:
Hilf, Apollonia!

Kaum daß aus voller Seele
Er diesen Spruch getan,
Fällt aus des Mundes Höhle
Ihm plötzlich jeder Zahn.

Und schmerzlos, Dank dem Himmel,
Schmaust er, wie sonst der Brauch,
Nur war es mehr Gemümmel,
Und lispeln tät er auch.
Prohsit! Wie klingt so niedlich
Des Meisters Säuselton.
Er trank, entschlummert friedlich,
Und horch, da schnarcht er schon.

Wilhelm Busch

Ich meine doch, so sprach er mal,
Die Welt ist recht pläsierlich.
Das dumme Geschwätz von Schmerz und Qual
Erscheint mir ganz ungebührlich.

Mit reinem, kindlichem Gemüt
Genieß ich, was mir beschieden,
Und durch mein ganzes Wesen zieht
Ein himmlischer Seelenfrieden.-

Kaum hat er diesen Spruch getan,
Aujau! so schreit er kläglich.
Der alte hohle Backenzahn
Wird wieder mal unerträglich.

Wilhelm Busch

**Vom Unglück
zieh' erst ab
die Schuld;
was übrig ist,
trag' in Geduld**

Theodor Storm

Nur in der Tiefe
der Seele,
mit Hilfe jener Kraft,
die stärker ist alle
Vernünftigkeit,
kann Trost und Ruhe
gefunden werden.

Wilhelm Busch

Oftmalen bringt ein harter Brocken
Des Mahles Freude sehr ins Stocken.
Um seine Ruhe ist's getan;
Er biß sich auf den hohlen Zahn.
Nun sagt man zwar: Es hilft der Rauch!
Und Friedrich Kracke tut es auch;
Allein, schon treiben
Ihn die Nöten,
Mit Schnaps des Zahnes
Nerv zu töten.
Er taucht den Kopf mitsamt dem Übel
In einen kalten Wasserkübel.
Vielleicht, so denkt er, wird das Schwitzen
Möglicherweise etwas nützen.

Indes die Hitze
Wird zu groß;
Er strampelt sich
schon wieder los;
Und zappelnd mit den Beinen,
Hört man ihn bitter weinen.
Zuletzt fällt ihm
Der Doktor ein.
Er klopft.-
Der Doktor ruft: "Herein!
Ei, guten Tag, mein lieber Kracke,
Nehmt Platz! Was ist's denn mit der Backe?
Laßt sehn! Jaja!
Das glaub' ich wohl!
Der ist ja in
Der Wurzel hohl!"
Nun geht der Doktor still beiseit.
Der Bauer ist nicht sehr erfreut.
Und lächelnd kehrt der Doktor wieder,
Dem Bauern fährt es durch die Glieder.
Ach! Wie erschrak er,
Als er da
Den wohlbekannten
Haken sah.
Der Doktor, ruhig und besonnen,
Hat schon bereits sein Werk begonnen,
Und unbewußt nach oben
Fühlt Kracke sich gehoben.
Und rack-rack! Da haben wir den Zahn,
Der so abscheulich weh getan!
Mit Staunen und voll Heiterkeit
Sieht Kracke sich vom Schmerz befreit.
Der Doktor, würdig, wie er war,
Nimmt in Empfang sein Honorar
Und Friedrich Kracke setzt sich wieder
Vergnügt zum Abendessen nieder.

Wilhelm Busch

Hochzeit

Was auch immer kommen mag:
Schön wird jeder Ehe-Tag,
wenn mit liebendem Vertrauen
beide aufeinander schauen!

Ich wünsche euch zum Hochzeitstage
ein langes Leben ohne Plage.
Der liebe Gott schenke euch Glück,
und lenke gnädig euer Geschick.

Bewahret einander vor Herzeleid.
Kurz ist die Zeit, die ihr beisammen seid!
Und wenn auch Jahre euch vereinen,
einst werden sie euch wie Minuten erscheinen.

Der Hochzeitstag, ich mach' es kurz,
Gleicht einem frischgwagten Sturz
Ins Lebensabenteuer.
Ich wünsch', daß eurer Liebe Kraft
Mit Leichtigkeit das Wagnis schafft
Und jugendlichem Feuer!

Lieb' mög' euch regieren,
Treue euch führen,
Glück um euch walten,
Gesundheit euch halten.
Gemeinsam alles tragen:
die Freude und den Schmerz.
Gemeinsam alles wagen:
das bindet Herz an Herz.
So sollt Ihr vorwärts schauen,
und so schaut Ihr zurück:
Aus liebendem Vertrauen
erwächst beständ'ges Glück!
Die Erde braucht Regen,
die Sonne braucht Licht,
der Himmel braucht Sterne,
wenn die Nacht hereinbricht;
ein' Ast braucht der Vogel,
um sein Nest drauf zu bau'n:
der Mensch braucht ein Herz,
dem er seins kann vertraun.

Und hat er ein's gefunden,
so kann er sich freun;
denn es kann ja ohne Liebe
kein Mensch glücklich sein.
Er fragt nicht nach Gelde,
wird nach Reichtum nicht schau'n,
wenn er hat nur ein Herz,
dem er seins kann vertrau'n.
Ich wünsche euch so viel Trennendes,
daß es euch nie langweilig wird,
und doch so viel Gemeinsames,
daß das Trennende nie übermächtig scheint;
ich wünsche euch so viel Fremdes,
daß ihr euch ständig neugierig aufeinander freut,
und doch so viel Gemeinsames
daß ihr euch nie fremd werdet;

ihr sollt so viele unterschiedliche Gedanken haben,
daß ihr immer etwas zum Reden habt,
und doch so viel gemeinsame Überzeugungen,
daß daraus kein Streit ensteht oder
- viel schlimmer noch - Schweigen.

Ihr sollt stets 1 sein.
Ihr sollt euch nie ent-2-en.
Ihr sollt euch stehts 3 bleiben
und euch immer gut 4en.
Ihr sollt auch mal 5 gerade sein lassen
und eure 6er zusammenhalten.
Ihr sollt eure 7 Sachen
in 8 nehmen.
Ihr sollt nicht immer 9 sagen
und euch nie die 10e zeigen.

Wenn wie Ihr, zwei sich haben wirklich gern,
dann steht auch ihre Ehe unter einem guten Stern.
Wir wünschen Euch jedenfalls nur Sonne
und nach jedem Wölkchen wieder Wonne!
Zeiten gibt es, da des Glücks zuviel,
und Zeiten, da es zuwenig.
Tage gibt es, da Du Bettler bist,
und Stunden, in denen Du König.

Cäsar Flaischlen

Ein Augenblick der Geduld
kann vor großem Unheil bewahren,
ein Augenblick der Ungeduld
ein ganzes Leben zerstören.
Chinesische Weisheit

Ein Eh'stand ist alsdann beglückt,
wenn eins sich in das andre schickt,
wenn eins das andre liebt und scheut,
er nicht befiehlt, sie nicht gebeut,
und beide so behutsam sein,
als wollten's erst einander frei'n.
Christian Fürchtegott Gellert

Das Glück
wohnt nicht im Besitze
und nicht im Golde;
das Glücksgefühl
ist in der Seele zu Hause.
Demokrit

Hier, unterm Blick prohetischer Sterne,
weih ich dies Hochzeitsfest voraus:
Tief schaut die Muse in die Ferne
des bräutlichen Geschicks hinaus.
Wie golden wirkt die neue Schwelle
des Lebens jedem jungen Paar!
Doch weiß man, daß nicht stets so helle
der Mittag wie der Morgen war.
Heut aber seh ich schöne Tage
blühn in gedrängter Sternensaat,
entschieden liegt schon auf der Waage,
was dies Paar vom Schicksal bat.
Hast, Liebchen, du der Jugend Blüte,
Anmut und Liebenswürdigkeit,
all deines Herzens lautre Güte
kühn deinem Einzigen geweiht;
läßt du der Heimat Friedensauen,
so manche ein lang gewohntes Glück,
um dir den eigenen Herd zu bauen,
halb wehmutsvoll, halb froh zurück:
Getrost! So darf ich laut es zeugen,
ein würdig Herz hast du gewählt;
selbst böser Neid bekennt mit Schweigen,
daß nichts zu deinem Glücke fehlt.
Denn Heiterkeit und holde Sitte,
wie Sommerluft, durchwehn dein Haus,
und, goldbeschuht, mit leisem Tritte
gehn Segensengel ein und aus.

Eduard Mörike

Nichts ist zu schwer
für den, der liebt.

Cicero

Sein Herz zu verlieren ist die beste Art,
zu entdecken, daß man eines hat.
Fliegende Blätter

Weißt Du, wo es keinen Herren
und keinen Diener gibt?
Wo eins dem andern dient,
wo eins den andern liebt.
Friedrich Rückert

Wieviel du wünschen magst,
der Wunsch wird weitergehn.
Und Glück ist da nur,
so die Wünsche stille stehen.
Friedrich Rückert

O zarte Sehnsucht, süßes Hoffen,
Der ersten Liebe goldne Zeit!
Das Auge sieht den Himmel offen,
Es schwelgt das Herz in Seligkeit.
O daß sie ewig grünen bliebe
Die schöne Zeit der jungen Liebe!
Friedrich von Schiller

In der Ehe muß man einen unaufhörlichen Kampf
gegen ein Ungeheuer führen,
das alles verschlingt: die Gewohnheit.
Honoré de Balzac

O glücklich, wer ein Herz gefunden,
das nur in Liebe denkt und sinnt
und, mit der Liebe treu verbunden,
sein schön'res Leben erst beginnt.

Wo liebend sich zwei Herzen einen,
nur eins zu sein in Freud und Leid,
da muß des Himmels Sonne scheinen
und heiter lächeln jede Zeit!

Hoffmann von Fallersleben

Genieße die Gegenwart mit frohem Sinn,
sorglos, was Dir die Zukunft bringen werde;
doch nimm auch bitt'ren Kelch mit Lächeln hin -
vollkommen ist kein Glück auf dieser Erde.

Horaz

Wie der Mensch die Antwort
von Anfang an entbehrt,
wenn er nicht eines anderen
Liebe zutiefst erfährt,
so sollt auch ihr, von nun an
in nichts mehr ganz allein,
vereint an Leib und Herzen,
einander Antwort sein.

Huub Oosterhuis

Freiwillige Abhängigkeit ist der
schönste Zustand -
und wie wäre der möglich ohne Liebe?

Johann Wolfgang von Goethe

... ich merke wohl,
im Ehestand muß man sich manchmal streiten,
denn dadurch erfährt man was voneinander.
Johann Wolfgang von Goethe

Und war das Band, das euch verbunden,
Gefühlvoll, warm und heilig rein,
So laßt die letzte euerer Stunden
Wie eure erste heiter sein.
Johann Wolfgang von Goethe

Ihr seid nun eins, ihr beide,
und wir sind mit euch eins.
Trinkt auf der Freude Dauer
ein Glas des guten Weins!
Und bleibt zu allen Zeiten
einander zugekehrt,
durch Streit und Zwietracht werde
nie euer Bund gestört.
Johann Wolfgang von Goethe

Mit jemandem leben oder in jemand leben,
ist ein großer Unterschied.
Es gibt Menschen, in denen man leben kann,
ohne mit ihnen zu leben, und umgekehrt.
Beides zu verbinden,
ist nur der reinsten Liebe und Freundschaft möglich.
Johann Wolfgang von Goethe

Welch ein Glück! welch ein Genuß
für den Geber und Empfänger!
welche überirdische Glückseligkeit
gewährt uns die Treue!
Sie gibt dem verübergehenden Zustande
des Menschen gleichsam eine
himmlische Gewißheit.
Diese ist es, die unsere ganze Glückseligkeit ausmacht,
die das Hauptkapital unseres Reichtums ist.
Johann Wolfgang von Goethe

Woher sind wir geboren?
Aus Lieb.
Wie wären wir verloren?
Ohne Lieb.
Was hilft uns überwinden?
Die Lieb.
Kann man auch Liebe finden?
Durch Lieb.
Was soll uns stets vereinen?
Die Lieb.
Johann Wolfgang von Goethe

Glück ist wie ein Sonnenblick,
niemand kann's erjagen,
niemand von sich sagen,
daß er heut' und eine Frist
ohne Wunsch und glücklich ist.

Glück ist wie ein Sonnenblick,
erst, wenn es vergangen,
erst in Leid und Bangen,
denkt ein Herz und fühlt es klar,
daß es einmal glücklich war.

Martin Greif

Es muß was Wunderbares sein
ums Lieben zweier Seelen!
Sich schließen ganz einander ein,
Sich nie ein Wort verhehlen!
Und Freud und Leid und Glück und Not
So miteinander tragen!
Vom ersten Kuß bis in den Tod
Sich nur von Liebe sagen.

Oskar von Redwitz

Liebe ist der Entschluß, das Ganze
eines Menschen zu bejahen, die
Einzelheiten mögen sein, wie sie wollen.

Otto Flake

**Die Liebe ist ein Stoff,
den die Natur gewebt
und die Phantasie
bestickt hat.**
Voltaire

Ein angenehmes und heiteres Leben
kommt nicht von äußerern Dingen.
Der Mensch bringt aus seinem Innern,
wie aus einer Quelle,
Lust und Freude in sein Leben.
Plutarch

Wer je gelebt in Liebesarmen,
der kann im Leben nie verarmen;
und müßt er sterben fern, allein,
er fühlte noch die sel'ge Stunde,
wo er gelebt an ihrem Munde,
und noch im Tode ist sie sein.
Theodor Storm

Der Mensch hat nichts so eigen,
so wohl steht ihm nichts an,
als daß er Treu erzeigen
und Freundschaft halten kann;
wenn er mit seinesgleichen
soll treten in ein Band,
verspricht sich, nicht zu weichen,
mit Herzen, Mund und Hand.
Was kann die Freude machen,
die Einsamkeit verhehlt?
Das gibt ein doppelt Lachen,
was Freunden wir erzählt.
Der kann sein Lied vergessen,
der es von Herzen sagt;
der muß sich selbst auffressen,
der insgeheim sich nagt.

Simon Dach

Die Liebe ist das Wohlgefallen am
Guten; das Gute ist der einzige Grund
der Liebe. Lieben heißt: jemandem
Gutes tun wollen.

Thomas von Aquin

Wenn ich ein Vöglein wär'
und auch zwei Flügel hätt',
flög' ich zu dir;
weil's aber nicht kann sein,
bleib ich allhier.
Bin ich gleich weit von dir,
bin ich doch im Schlaf bei dir
und red mit dir.
Wenn ich erwachen tu,
bin ich allein.
Es vergeht keine Stund' in der Nacht,
da nicht mein Herz erwacht
und an dich denkt,
daß du mir vieltausendmal
dein Herz geschenkt.

Volksgut

O wie lieblich, o wie schicklich
sozusagen herzerquicklich
ist es doch für eine Gegend,
wenn zwei Leute, die vermögend,
außerdem mit sich zufrieden,
aber von Geschlecht verschieden,
wenn nun diese, sag ich, ihre
dazu nötigen Papiere
sowie die Haushaltssachen
endlich mal in Ordnung machen
und in Ehren und beizeiten
hin zum Standesamte schreiten,
wie es denen, welche lieben,
vom Gesetze vorgeschrieben,
dann ruft jeder freudiglich:
Gott sei Dank! Sie haben sich!

Wilhelm Busch

Du wirst im Eh'stand viel erfahren,
was dir ein halbes Rätsel war.
Bald wirst du aus Erfahrung wissen,
wie Eva einst hat handeln müssen,
daß sie hernach den Kain gebar.
Doch Schwester, diese Eh'standspflichten
wirst du von Herzen gern verrichten,
denn, glaube mir, sie sind nicht schwer.
Doch jede Sache hat zwei Seiten:
Der Eh'stand bringt zwar viele Freuden,
allein auch Kummer bringet er.
Drum, wenn dein Mann dir finstre Mienen,
die du nicht glaubest zu verdienen,
in seiner üblen Laune macht,
so denke, das ist Männergrille,
und sag: Herr, es gescheh dein Wille
bei Tag, und meiner in der Nacht.

Wolfgang Amadeus Mozart

Hochzeitsjubiläum

Daß der Himmel euch bewahre
weiterhin vor Not und Sorgen,
so wie gestern, so auch morgen,
übermorgen, immerdar,
wünsche ich dem Jubelpaar.

Höher schlagen unsre Herzen heute,
und wir alle sind voller Freude,
zu feiern des Tages Wiederkehr,
da die Eltern sich das Jawort gaben.
Darüber freun uns wir Kinder sehr
und über eure ungezählten Liebestaten,
durch die, was wir jetzt sind,
in Ruhe reifen durfte jedes Kind.
Wir wünschen euch von ganzem Herzen
Glück, Gesundheit und einen heitren Sinn,
ein langes Leben und wenig Schmerzen.
Nehmt diese Wünsche von uns hin,
denn wir wissen, was wir an euch haben.

Nehmt, liebe Eltern, meine Gabe,
die zu eurem Hochzeitstage
mit Liebe ich gebastelt habe!
Mögt ihr in unsrer Familienmitten
nur wirklich schöne Tage sehn,
und mög' bei allen euren Schritten
der liebe Gott als Schützer stehn.

Unserem lieben Jubelpaare,
dessen Bund wir jetzt erneuern,
wünsche ich, daß so viele Jahre
wir noch so froh wie heute feiern!
Gott bewahre euch vor Leiden,
er schenke Glück und Sonnenschein!
Es möge immer mit euch beiden
Sein gnadensreicher Segen sein.

Verehrtes Paar, das fünfzig Jahre
die Freude und das Leid geteilt,
das liebreich noch im Silberhaare
gern in dem Kreis der Jugend weilt,
dir bring ich, und es teilen alle
des schönen Augenblickes Lust,
mit hochgeschwungenem Pokale
ein Lebehoch aus voller Brust!

Zwar zählt Ihr lang nicht zu den Alten.
Doch sollt ihr heute Rückschau halten.
Euer Leben war nicht immer leicht,
und dennoch habt Ihr viel erreicht.
Ihr zeigt uns, daß der Liebe Kraft
worauf es ankommt, schließlich schafft.
Drum wird heut alles überschaut,
Seid stolz! Ihr könnt's mit Fug und Recht,
was Ihr erreicht, ist wahrlich nicht schlecht.
Daß Ihr in guter Zweisamkeit
so weitermacht, das wünsch ich heut.

Das Herz der teuren Gattin,
das Herz des Gatten
ganz sein eigen nennen zu können,
in einem Herzen sich einzig
und ohne Ende geliebt zu wissen,
ist doch das süßeste Glück der Erde.
Adalbert Stifter

Die Liebe, wenn sie neu,
braust wie ein junger Wein:
Je mehr sie alt und klar,
je stiller wird sie sein.
Angelus Silesius

Liebe besteht nicht darin,
daß man einander ansieht,
sondern, daß man gemeinsam
in die gleiche Richtung blickt.
Antoine de Saint-Exupéry

Wer doch den trüben Wahn erfunden,
daß keine Seele glücklich sei!
Ich war's; ich bin's! in reichen Stunden
von aller kleinen Trübsal frei.
Christian Morgenstern

Da streiten sich die Leut' herum
oft um den Wert des Glücks.
Der eine nennt den andern dumm
am End weiß keiner nix.
Ferdinand Raimund

So vor fünfundzwanzig Jahren
standet Ihr am Traualtar.
Und der Zukunft Tage waren
Euch und andern noch nicht klar.

Aber heut im Freundeskreise
schaut Ihr zurück auf Eure Reise,
für das Ziel, das nicht mehr Schein,
stehen Kind und Enkel ein.

Der Liebe Melodienschatz,
er wechselt wie im Fluge,
die Ehe bleibt im gleichen Satz,
ihr wird die Zeit zur Fuge.

Franz Grillparzer

Freundschaft und Liebe erzeugen
das Glück des menschlichen Lebens.
Wie zwei Lippen den Kuß, welcher
die Seelen entrückt.

Friedrich Hebbel

Wenn wir fehlerfrei wären,
würde es uns nicht
so viel Vergnügen bereiten,
sie an anderen festzustellen.

Horaz

Wer durch den Besitz des Guten
glücklich geworden ist,
der ist wahrhaft glücklich.
Man muß keine weiteren Fragen mehr stellen,
warum er glücklich ist.

Platon

Es ist wohl ein Glück, wenn man andrer Menschen
Gedanken widerlieset und fröhlich entdeckt,
daß man doch ahnt, was das Glück bedeutet.
Theodor Fontane

Und ging auch alles um und um,
in dir, in mir, ich lieb' dich drum,
ich lieb' dich drum, weil du mir bliebst,
ich lieb' dich drum, weil du vergibst,
ich lieb' dich, - ach warum "Warum"?
Und blieb' auch meine Lippe stumm,
ich lieb' dich drum, weil du mich liebst.
Theodor Fontane

Es gibt Menschen, mit denen zu leben nicht leicht,
und die zu lassen unmöglich ist.
Thomas Mann

Das Glück des tätigen Lebens liegt im Wirken der Klugheit,
durch die der Mensch sich selbst und andere regiert.
Thomas von Aquin

Jubiläen

Alles, was wir lernen mußten,
alles, was Sie Kluges wußten,
haben in so vielen Jahren
wir von Ihnen stets erfahren.

Und wir möchten nichts vermissen
von dem klugen, hellen Wissen.
Von dem, was in vielen Stunden
wir an Schulweisheit gefunden.

Doch was Sie darüber gaben
und mit Herz verschwendet haben,
das war Liebe, die Sie schenkten,
mit der Sie uns fürsorglich lenkten.

Nichts von unsern kleinen Sorgen
blieb von Ihrem Blick verborgen.
Immer haben Sie verstanden,
wenn wir uns nicht weiterfanden.

Darum wollen wir heut danken
für die Treue ohne Schranken,
für die Liebe, das Verstehen
und das Miteinandergehen.

Daß noch viele lange Jahre
Ihre Kraft sich treu bewahre
in der Arbeit Harmonie -
das ist unser Wunsch für Sie!

Was sind schon... Jahre Zeit -
gemessen an der Ewigkeit?
Ich wünsch zum Jubiläum heut
dir Frieden und Zufriedenheit!

Auch der Haß gegen die Niedrigkeit
verzerrt die Züge.
Auch der Zorn über das Unrecht
macht die Stimme heiser. Ach, wir,
die wir den Boden bereiten wollen
für die Freundlichkeit,
konnten selber nicht freundlich sein.
Ihr aber, wenn es soweit sein wird,
daß der Mensch dem Menschen ein Helfer ist,
gedenket unser mit Nachsicht.

Berthold Brecht

Nichts halb zu tun ist edler Geist Art.

Christoph Martin Wieland

Adel ist auch in der sittlichen Welt.
Gemeine Naturen
zahlen mit dem, was sie tun,
Edle mit dem, was sie sind.

Friedrich von Schiller

Lebe mit deinem Jahrhundert,
aber sei nicht sein Geschöpf:
Leiste deinen Zeitgenossen,
aber was sie bedürfen,
nicht was sie loben.

Friedrich von Schiller

Das ist ewig wahr: wer nichts für andre tut,
tut nichts für sich.
Johann Wolfgang von Goethe

Mag doch die Gestalt der Welt vergehen,
wenn befeundete Gesinnung sich
gleich bleibt, wenn man zu beiden Seiten fortfährt,
das gleiche zu lieben und das gleiche zu hassen,
demselben Weg zu folgen ...
Johann Wolfgang von Goethe

...denn es ist immer herzerhebend,
einen Mann zu sehen,
der sich aus Überzeugung für ein Ganzes aufopfert,
da im gemeinen Lauf der Welt sich niemand
leicht ein Bedenken macht,
um seines besonderen Vorteils willen
das schönste Ganze, wo nicht zu zerstören,
doch zu beschädigen.

Johann Wolfgang von Goethe

Angedenken an das Gute
Hält uns immer frisch bei Mute.
Angedenken an das Schöne
Ist das Heil der Erdensöhne.
Angedenken an das Liebe,
Glücklich! wenn's lebendig bliebe.
Angedenken an das Eine
Bleibt das Beste, was ich meine.

Johann Wolfgang von Goethe

Zwischen dem Alten,
Zwischen dem Neuen,
Hier uns zu freuen
Schenkt uns das Glück,
Und das Vergangen
Heißt mit Vertrauen
Vorwärts zu schauen,
Schauen zurück.

Johann Wolfgang von Goethe

Ich will dem Schicksal in den Rachen greifen,
ganz niederbeugen soll es mich gewiß nicht.
- O, es ist so schön, das Leben tausendmal leben!

Ludwig van Beethoven

Kollegen, Vorgesetzte und Partner

Laß dir an dem Bewußtsein genügen,
deine Pflicht getan zu haben!
Andere mögen es erkennen oder nicht.
Christoph Martin Wieland

Man sollte die Dinge so nehmen, wie sie kommen.
Aber man sollte auch dafür sorgen,
daß sie so kommen,
wie man sie nehmen möchte.
Curt Goetz

Verlange nicht, daß alles,
was geschieht, nach deinem Willen geschehe,
sondern wünsche, daß es so geschehe, wie es geschieht -
und du wirst glücklich sein!
Epiktet

Auf der Welt lebt keiner vergebens,
der die Bürde der anderen leichter gemacht hat.
Helen Keller

Wer freudig tut und sich des Getanen freut, ist glücklich.
Johann Wolfgang von Goethe

Auch aus Steinen, die in den Weg gelegt werden,
kann man Schönes bauen.
Johann Wolfgang von Goethe

Die Güte des Herzens nimmt einen weiteren
Raum ein als der Gerechtigkeit geräumiges Feld.
Johann Wolfgang von Goethe

Das höchste Glück ist immer das,
welches unsere Mängel verbessert
und unsere Fehler ausgleicht.
Johann Wolfgang von Goethe

Dem tätigen Menschen kommt es darauf an,
daß er das Rechte tue; ob das Rechte geschehe,
soll ihn nicht kümmern.
Johann Wolfgang von Goethe

Glücklich ist der, dem sein Geschäft auch zur Puppe wird,
der mit demselbigen zuletzt noch spielt
und sich an dem ergötzt,
was ihm sein Zustand zur Pflicht macht.
Johann Wolfgang von Goethe

Erbärmlich ist jener Schüler,
der seinen Meister nicht übertrifft.
Leonardo da Vinci

Humor ist keine Gabe des Geistes,
er ist eine Gabe des Herzens.
Ludwig Börne

Das Geheimnis jeder Macht besteht darin, zu wissen,
daß andere noch feiger sind als wir.

Ludwig Börne

Der Mensch ist ein zielstrebiges Wesen:
Er sucht das Glück.

Manés Sperber

Die Aufgabe des Lebens besteht nicht darin,
auf Seiten der Mehrzahl zu stehen,
sondern, dem inneren Gesetzte gemäß,
das du erkennst, zu leben.

Marc Aurel

Nur Pessimisten schmieden das Eisen,
solange es heiß ist. Optimisten vertrauen darauf,
daß es nicht erkaltet.

Peter Bamm

Sei den Gläubigen ein Vorbild in Wort und Wandel,
in der Liebe, im Glauben und in der Reinheit.
Widme dich der Vorlesung, der Ermahnung und Belehrung,
laß die Gnadengabe in dir nicht brach liegen.

Timotheus 6, 12-14

Kommunion, Firmung und Konfirmation

Du bist von Gottes Hand beschirmt,
denn Du bist heut gefirmt.

Gott schütze Dich! Denn eines ist gewiß:
Wenn wir fromm die Hände falten,
uns im Glauben an ihn halten,
wissen wir, daß er allein der Herr des Lebens ist.

Ein' feste Burg ist unser Gott,
Ein' gute Wehr und Waffen",
Sei in der Jugend nicht nur Gebot,
sondern soll Dir Zuversicht verschaffen
Zu froher, freier Gläubigkeit
Von heute an auf Lebenszeit!

Freue Dich über Deine Erfolge,
sei stolz auf Mißerfolge und die
Lehren, die Du daraus ziehst;
lerne lachen über Deine Fehler
und zu lächeln über Deine Schwächen.
Vergiß aber nie, ständig Deine Vorzüge
zu hinterfragen, damit Du immer weißt,
von wem Du sie hast.

Gottes unermeßlich große Güte
Dich von heute an behüte!
Denn niemals endet seine Huld
auch wenn Du stehst in seiner Schuld.

Ich wünsche Dir,
daß irgendwann an irgendeinem Ast
deines Lebens eine Blüte
aufbricht, daß dir dann und wann
etwas Schönes gelingt,
und daß irgendwann
ein Wort der Liebe den Weg
in dein Herz findet.

Ich wünsche dir nicht, daß du
so stark oder groß wirst
wie ein Baum, oder gar so reglos.
Aber daß du ab und zu
nach oben schaust, wo die Kronen
der mächtigen Bäume sind
und Gottes Himmel.

Ich wünsche dir, daß du stehenbleiben lernst
und nicht immer weiter rennst,
daß du stehen lernst und wachsen
wie ein Baum.

Ich wünsche dir zur Kommunion,
daß Gott Vater und Gott Sohn
beschützen dich mit Segen
auf allen deinen Wegen.
Dann wanderst fromm und glücklich du
der gold'nen Himmelspforte zu.

Wenn Gott ist Dein Begleiter
verirrst Du Dich nicht,
denn dann ist Er Dein Streiter
für Wahrheit und für Licht!
IHM darfst Du ganz vertrauen
und hören auf sein Gebot;
denn auf IHN kannst Du bauen
im Glück und in der Not!

Als ein Beispiel rechter Predigt halte fest,
was du von mir gehört hast,
im Glauben und in der Liebe,
die ihren Grund in Christus Jesus haben.
2. Timotheus 1,13

Menschen irren,
aber nur große Menschen
erkennen den Irrtum.
August von Kotzebue

Mach es wie die Blümelein,
strebe zur Sonne, zum Licht,
achte der Stürme und Wetter nicht.

Ob lockeres Erdreich, ob felsiger Spalt,
fassen sie Wurzeln mit zäher Gewalt
und grünen und blühen.

Danach sollst Du trachten:
eig'ne Rechte mild zu üben,
fremde Rechte streng zu achten.
Emanuel Geibel

Habe täglich den Tod vor Augen;
das wird dich vor kleinlichen Gedanken
und vor maßlosen Begierden bewahren.

Epiktet

Wie die Sonne nicht auf Lob und Bitten wartet, um aufzugehen, sondern eben leuchtet und von der ganzen Welt begrüßt wird, so darfst auch du weder Schicksal noch Beifall brauchen, um Gutes zu tun: Dann wirst du wie die Sonne geliebt werden.

Epiktet

Bau dein Nest,
weil der Frühling
währet,
Luftig bau's in die Welt
hinein;
Wagen gewinnt,
Schwäche zerrinnt.
Wage! Dulde! -
Die Welt ist dein.

Ernst Moritz Arndt

Wer zwei Dinge auf einmal tut,
dem geraten selten beide gut.

Freidank

Kehr in dich still zurück,
ruh in dir selber aus,
so fühlst du höchstes Glück.

Friedrich Rückert

Nie stille steht die Zeit,
der Augenblick entschwebt,
und den Du nicht genutzt,
den hast Du nicht gelebt.
Friedrich Rückert

Wahrheit ist das leichteste Spiel von allen!
Stelle Dich selber dar,
und Du läufst nie Gefahr,
aus Deiner Rolle zu fallen.
Friedrich Rückert

Klugheit wagt keinen hohen Flug,
hält sich in sicherem Gleise.
Ihr eigenes Wohl ist ihr genug -
Weisheit zieht größere Kreise.
Der weise Mann ist selten klug
und der kluge selten weise.
Friedrich von Bodenstedt

Wenn ein Mensch mit Gott gut steht,
Der steht wohl, wenn's übel geht;
denn er kann die höchsten Gaben,
Vater, Bruder, Tröster haben.

Friedrich von Logau

Wohl dem, der frei von Schuld und Fehle
bewahrt die kindlich reine Seele.

Friedrich von Schiller

Die Welt ist voll von Gottes Segen;
willst du ihn haben, ist er dein.
Du brauchst nur Hand und Fuß zu regen.
Du brauchst nur fromm und klug zu sein.

Friedrich Wilhelm Weber

Sei treu, sei unverzagt,
fromm, mildreich von Gemüte,
den Frevel strafe mit Güte,
nimm deine Zucht wohl in die Hut,
den Großen stark, den Armen gut.
Die Deinen sollst du ehren,
die Fremden zu dir kehren,
den Weisen wohne immer bei,
dem Toren flieh', wo er auch sei.
Vor allem aber liebe Gott
und richte wohl nach seinem Gebot.

Hartmann von der Aue

Nicht gut ist, daß sich alles erfüllt, was Du wünschest;
Durch Krankheit erkennst Du den Wert der Gesundheit,
am Bösen den Wert des Guten,
duch Hunger die Sättigung,
in der Anstrengung den Wert der Ruhe.
Heraklit

Kinder und Uhren dürfen nicht
beständig aufgezogen werden,
man muß sie auch gehen lassen.
Jean Paul

Das Glück liegt nicht in den Dingen,
sondern in der Art und Weise,
wie sie zu unsern Augen,
zu unserm Herzen stimmen.
Jeremias Gotthelf

Daß dein Leben Gestalt,
dein Gedanke Leben gewinne,
Laß die belebende Kraft
stets auch die bildende sein.
Johann Wolfgang von Goethe

Willst du frei sein, mein Sohn,
so lerne was Rechtes und halte Dich genügsam,
und sieh niemals nach oben hinauf!
Johann Wolfgang von Goethe

Was du ererbt von Deinen Vätern hast,
erwirb es, um es zu besitzen.
Johann Wolfgang von Goethe

Wer wirklich gütig ist,
kann nie unglücklich sein;
wer wirklich weise ist,
kann nie verwirrt werden.
Wer wirklich tapfer ist,
fürchtet sich nie.
Konfuzius

Ein großer Fehler:
daß man sich mehr dünkt,
als man ist,
und sich weniger schätzt,
als man wert ist.
Jahann Wolfgang von Goethe

Weißt Du, worin der Spaß des Lebens liegt?
Sei lustig - geht es nicht, so sei vergnügt!
Johann Wolfgang von Goethe

Das wahre Glück
besteht nicht in dem,
was man empfängt,
sondern in dem,
was man gibt.
Johannes Chrysostomus

Sage nicht immer, was Du weißt,
aber wisse immer, was Du sagst!
Matthias Claudius

Vernunft ist Gottes Tempel, darin er wohnt
und in ungebrochenem Glanze leuchtet!
Wir aber erfassen Gott in der Seele,
die auch ein Tröpflein besitzt von dieser Vernunft,
ein Fünklein, einen Zweig.
Meister Eckart

Laß' von brutalen Gewalten
nie Deine Seele knechten;
kannst Du nicht Recht behalten,
halte doch fest am Rechten.
Paul Heyse

Trau deinen Augen nicht.
Was immer sie dir zeigen,
es ist nur Begrenztheit.
Trau deinem Verstand,
hebe ins Bewußtsein,
was in dir ist,
und du wirst wissen.
Richard Bach

Wer nach Gerechtigkeit
und Barmherzigkeit strebt,
der wird Leben, Gerechtigkeit und Ehre finden.
Sprüche Salomons

Erwirb dir Weisheit,
denn sie ist besser als Gold;
und verschaffe dir Klugheit,
denn sie ist köstlicher als Silber.
Sprüche Salomons

Erscheint Dir etwas unerhört,
bist tiefsten Herzens Du empört;
bäum' Dich nicht auf, versuch's nicht im Streit,
berühr' es nicht, überlaß es der Zeit.
Am ersten Tag wirst Du feige Dich schelten:
am zweiten läßt Du Dein Schweigen schon gelten;
am dritten hast Du's überwunden:
Alles ist wichtig nur auf Stunden.
Ärger ist Zehrer und Lebensvergifter,
Zeit ist Balsam und Friedensstifter.
Theodor Fontane

Hehle nimmer mit der Wahrheit!
Bringt sie Leid, nicht bringt sie Reue;
doch weil Wahrheit eine Perle,
wirf sie auch nicht vor die Säue.
Blüte edelsten Gemütes
ist die Rücksicht. Doch zuzeiten
sind erfrischender wie Gewitter
goldne Rücksichtslosigkeiten.
Wackrer heimatlicher Grobheit
setze deine Stirn entgegen;
artigen Leutseligkeiten

gehe schweigend aus den Wegen.
Wo zum Weib du nicht Tochter
wagen würdest zu begehren,
halte dich zu wert, um gastlich
in diesem Hause zu verkehren.
Was du immer auch willst werden,
Arbeit scheue nicht und wachen;
aber hüte deine Seele
vor dem Karrieremachen.
Wenn der Pöbel aller Sorte
tanzet um die goldnen Kälber,
halte fest: Du hast vom Leben
doch am Ende nur dich selber.

Theodor Storm

Gilt's zu hören, sei der erste,
der letzte, wenn's zu reden gilt.

Türkisches Sprichwort

MUTTERTAG

Du, Mama, sorgst mit mütterlicher Liebe
tagtäglich für unser frohes Kinderglück.
Darum herrscht bei uns so stiller Friede,
nur selten stören Streit und finstrer Blick.
Darum wollen wir dich heut beschenken
unsre ganze Liebe auf dich lenken!

Freudig komme ich und habe
dich furchtbar lieb, du Mutter mein.
Gerne bringe ich dir eine Gabe,
sie soll Beweis meiner Liebe sein!

Sicher weiß ich, daß dein Leben
von Gottes Engeln treu bewacht.
Denn all dein Leben, all dein Streben
hast du deiner Familie treu vermacht.

Gleich dem Frühling lache dir das Leben,
dir sollen nur Freud und Blumen blühn.
Ein ewig blauer Himmel möge dich umgeben
und keine düstren Wolken deine Stirn umziehn!

Liebe Mutti,
ich liebe dich so fest
wie der Baum seine Äst,
wie der Himmel seine Stern
so hab' ich dich gern.

Kein Vöglein sitzt im Nest aus Moos
so unendlich sicher und schön warm
als ich auf meiner Mutter Schoß
und in meiner Mutter Arm.
Und wenn mir wehtun Kopf und Fuß
vergeht sofort ein jeder Schmerz,
gibst du mir einen dicken Kuß
und drückst mich an dein Herz.

Nur der Himmel kann belohnen,
was unsre liebe Mutter wert.
Daß er dir viele frohe Tage voll Glück
und Sonnenschein beschert,
erbitten wir aus vollem Herzen.
Und daß du ohne Schmerzen
noch lang der Mittelpunkt
in unserm Leben bist!

Wo meine Wiege stand, da weil
ich immer, ach, so gern;
ich denke sehnsuchtsvoll zurück,
bin ich in weiter Fern'.
Wie ist die schöne Jugendzeit
im Leben doch so süß:
Du liebes, gutes Mutterherz,
du bist mein Paradies!
Die Mutter schützte mich vor Leid,
vor Ungemach und Not,
sie reichte mir mit Freuden hin
das letzte Stückchen Brot.
Sie lehrte mich wie im Gebet
den lieben Gott ich grüß:
Du liebes, gutes Mutterherz,
du bist mein Paradies!

Kein Füllhorn, das von allen Schätzen regnet,
ist reicher als die Mutterhand, die segnet.
Anastasius Grün

So gern hätt' ich ein schönes Lied gemacht
von deiner Liebe, deiner treuen Weise,
die Gabe, die für die andre immer wacht
hätt' ich so gern geweckt zu deinem Preise.

Doch wie ich auch gesonnen mehr und mehr
und wie ich auch die Reime mochte stellen.
Des Herzens Fluten wallten drüber her,
zerstören mir des Liedes zarte Wellen.

So nimm die einfach schlichte Gabe hin,
von einfach ungeschmücktem Wort getragen,
und meine ganze Seele nimm darin.
Wo man am meisten fühlt,
weiß man nicht viel zu sagen!
Annette von Droste-Hülshoff

Und ob der Maien stürmen will
mit Regenguß und Hagelschlag
wie ein verspäteter April:
Er hat doch einen schönen Tag.
Hat einen Tag, der schlimme Mai,
viel lieber als das ganze Jahr,
und wo es schien mir einerlei,
ob trüb der Himmel oder klar.
Und ist er trübe auch, ich fand
mein Sträußlein doch in Wald und Ried
und kann doch küssen deine Hand
und sagen dir ein schlichtes Lied.
Annette von Droste-Hülshoff

Ich bin meiner Mutter einzig Kind,
und weil die andern ausblieben sind,
- was weiß ich wieviel, die sechs oder sieben -
ist eben alles an mir hängen blieben:
Ich hab' müssen die Liebe, die Treue, die Güte
für ein halbes Dutzend allein aufessen;
ich will's mein Lebtag nicht vergessen!
Es hätte mir aber auch wohl mögen frommen,
hätt' ich nur auch Schläge für sechs bekommen.

Eduard Mörike

Wir wären nie gewaschen
und meistens nicht gekämmt,
die Strümpfe hätten Löcher,
und schmutzig wär das Hemd,
wir äßen Fisch mit Honig
und Blumenkohl mit Zimt,
wenn du nicht täglich sorgtest,
daß alles klappt und stimmt.

Wir hätten nasse Füße
und Zähne schwarz wie Ruß
und bis zu beiden Ohren
die Haut voll Pflaumenmus,
wir könnten auch nicht schlafen,
wenn du nicht nochmal kämst
und uns, bevor wir träumen,
in deine Arme nähmst.

Und trotzdem! Sind wir alle
auch manchmal eine Last:
Was wärst du ohne Kinder?
Sei froh, daß du uns hast.

Eva Rechlin

Mutterliebe, man nennt dich des Lebens Höchstes!
So wird denn jedem,
wie schnell er auch stirbt, dennoch sein Höchstes zuteil!
Friedrich Hebbel

Die Mutter trägt im Leibe das Kind
drei Vierteljahr;
Die Mutter trägt auf Armen das Kind
weils schwach noch war;
Die Mutter trägt im Herzen die Kinder immerdar.
Friedrich von Logau

Hast du die Mutter gesehen, wenn sie süßen
Schlummer dem Liebling kauft mit eigenem Schlaf
und für das Träumende sorgt,
mit dem eigenen Leben ernährt die zitternde
Flamme
und mit Sorge selbst sich für die Sorge belohnt?
Friedrich von Schiller

Die Frau ist nicht der schlechtere Mann,
sondern der andere Mensch.
Hanna-Renate Laurien

Krone des Lebens,
Glück ohne Ruh,
Liebe, bist du!
Johann Wolfgang von Goethe

Treues Wirken, reines Lieben
Ist das Beste stets geblieben.
Johann Wolfgang von Goethe

**Schmerz ist der Vater
und Liebe die Mutter
der Weisheit.**

Ludwig Börne

Mutter, schallt es immerfort
und fast ohne Pause.
Mutter hier und Mutter dort
in dem ganzen Hause.
Überall zugleich zu sein,
ist ihr nicht gegeben.
Sonst wohl hätte sie, ich mein,
ein bequemes Leben.
Jedes ruft, und auf der Stell'
will sein Recht es kriegen.
Und sie kann doch nicht so schnell
wie die Schwalben fliegen!
Ich fürwahr bewundre sie,
daß sie noch kann lachen.
Was allein hat sie für Müh',
alle satt zu machen!
Kann nicht einen Augenblick
sich zu ruhn erlauben.
Und das hält sie gar für Glück!
Sollte man es glauben?

Johannes Trojan

Was wir brauchen, um frei zu sein,
ist die Liebe, die die Kraft hat,
die Last der Welt freudig zu tragen.
Rabindranath Tagore

Zum heutigen frohen Feste
wünsch ich von Herzen dir
das Schönste und das Beste
und deine Liebe mir.
Nimm meinen Wunsch
aus reinem Sinn
und treuer Liebe
freundlich hin!
Volksgut

O Du, die mir die Liebste war,
Du schläfst nun schon so manches Jahr.
So manches Jahr, da ich allein,
Du gutes Herz, gedenk ich Dein.

Gedenk ich Dein, von Nacht umhüllt,
So tritt zu mir Dein treues Bild.
Dein treues Bild, was ich auch tu,
Es wirkt mir ab, es winkt mir zu.

Und scheint mein Wort Dir gar zu kühn,
Nicht gut mein Tun,
Du hast mir einst so oft verziehen,
Verzeih auch nun.
Wilhelm Busch

Neuer Lebensabschnitt

Daß du jetzt zur Schule mußt,
braucht dich nicht zu kränken.
Gehe hin mit Mut und Lust,
sollst immer daran denken:
es ist nicht bloß Unterricht,
manchmal ist auch Pause.
Und Ferien gibt es ziemlich viel,
dann bist du zu Hause
und hast reichlich Zeit fürs Spiel.

Deine Arbeit soll nie
ins Leere gehen.
Dafür wünsche ich dir
die Kraft der Hände
und des Herzens. Und
ich wünsche dir,
daß hinter deinem Pflug
Frucht wächst,
Brot für Leib und Seele,
und daß zwischen
den Halmen
die Blumen nicht fehlen.

Die Kinderzeit ist abgetan,
nun fängt ein neuer Abschnitt an.
Mit Gottvertraun steig weiter
empor auf deiner Lebensleiter!

Du sollst dich nie nach andren Leuten richten,
geh nur fest und treu auf deinem Pfad!
Keinem Helfer sollst du dich verpflichten
folg deinem Willen, nur deinem Rat!

Ich wünsche dir,
daß du dem Himmel nahe bist
und dabei trozdem mit der Erde
sicher verbunden.
Deine Wurzeln sollen Wasser finden
und deine Zweige im Licht wachsen.

Vor dem Erfolg, einstmals wie heute,
setzten die Götter stets den Schweiß.
Da macht die eigene Leistung Freude,
ein Narr ist jeder, der's nicht weiß.
Mach' wohlgemut dich drum ans Werk
und laß den Kopf nicht sinken.
Dann kommst geschwind du über'n Berg.
Prost, darauf woll'n wir trinken!

Respektiere dich selbst, wenn du
willst, daß andere dich respektieren
sollen! Tue nichts im Verborgenen,
dessen du dich schämen müßtest,
wenn es ein Fremder sähe! Handle,
weniger anderen zu gefallen, als um
deine eigene Achtung nicht zu verscherzen,
gut und anständig!
Selbst in deinem Äußeren, in deiner Kleidung
sieh dir nichts nach, wenn du allein bist.
Gehe nicht mit groben Manieren ein-
her, wenn dich niemand beobachtet.

Adolf von Knigge

Was ist mehr denn Schmuck und Kleid?
"Ein gesunder Leib, so's in Freuden treit."
Was ist mehr denn Gold so wert?
"Ein frei Gemüt, so des nit entbehrt."
Was ist mehr denn Kron und Grund?
"Ein klug Gemüt, so es brauchen kunnt."
Was ist mehr denn glückselig sein?
"Ein fein Gemüt, so des wert allein."

Annette von Droste-Hülshoff

Man sieht nur mit dem Herzen gut.
Das Wesentliche ist für die Augen unsichtbar.

Antoine de Saint-Exupéry

Angenehm ist am Gegenwärtigen die Tätigkeit,
am Künftigen die Hoffnung
und am Vergangenen die Erinnerung.
Am angenehmsten und in gleichen Maße
liebenswert ist das Tätigsein.

Aristoteles

Für das praktische Leben
ist das Genie so brauchbar
wie ein Sternteleskop im Theater.
Arthur Schopenhauer

Mensch, es wohnen dir zwei Seelen
in der Brust!
Such nicht eine auszuwählen,
da du beide haben mußt.
Berthold Brecht

Wer a sagt, der muß nicht b sagen.
Er kann auch erkennen,
daß a falsch war.
Berthold Brecht

Ob jemand tausend in der Schlacht,
und abertausend auch besiegt -
wer ganz allein sich selbst besiegt,
der ist der beste Sieger doch.
Buddhistische Weisheit

Es gibt wenig ganz außerordentliche Menschen,
aber ein jeder hat einen Zeitpunkt des Lebens,
wo er sich selbst übertrifft,
und von diesem muß man Gebrauch machen.
Carl von Clausewitz

Die Liebe allein versteht das
Geheimnis, andere zu beschenken und
dabei selbst reich zu werden.
Clemens von Brentano

Vor Menschen ein Adler, vor Gott ein Wurm:
so stehst du fest im Lebenssturm.
Nur wer vor Gott sich fühlet klein,
kann vor den Menschen mächtig sein.

Ernst Moritz Arndt

**Arbeit und Fleiß,
das sind die Flügel,
die führen über Strom
und Hügel.**

Johann Fischart

Laß doch die Zukunft noch schlafen,
wie sie es verdient.
Wenn man sie nämlich vorzeitig weckt,
bekommt man dann eine verschlafene Gegenwart.

Franz Kafka

Es gehört mehr Mut dazu,
seine Meinung zu ändern,
als ihr treu zu bleiben.
Friedrich Hebbel

Fang' Deine Arbeit munter an,
so ist sie auch schon halb getan.
Friedrich Rückert

In den Ozean schifft mit tausend Masten
der Jüngling;
Still, auf gerettetem Boot,
treibt in den Hafen der Greis.
Friedrich von Schiller

Die Erziehung hat den Zweck, den
Menschen zu einem selbständigen
Wesen zu machen, d.h. zu einem
Wesen von freiem Willen.
Georg Wilhelm Friedrich Hegel

Das ist so schön bei uns Deutschen:
Keiner ist so verrückt,
daß er nicht einen noch Verrückteren finde,
der ihn versteht.
Heinrich Heine

Tätigkeit verlangt Opfer,
ein Opfer verlangt Liebe,
und so muß sich die Tätigkeit
auf wahre innige Menschenliebe gründen.
Heinrich von Kleist

Es gibt nichts Totes auf der Welt,
hat alles sein' Verstand,
es lebt das öde Felsenriff,
es lebt der dürre Sand.
Laß Deine Augen offen sein,
geschlossen Deinen Mund,
und wand'le still, so werden Dir
geheime Dinge kund.

Hermann Löns

Das Leben besteht aus vielen kleinen Münzen,
und wer sie aufzuheben weiß, hat ein Vermögen.

Jean Anouilh

Die wahren Lebenskünstler sind bereits glücklich,
wenn sie nicht unglücklich sind.

Jean Anouilh

Ein Traum, ein Traum ist unser Leben
auf Erden hier.
Wie Schatten auf den Wogen schweben
und schwinden wir.
Und messen unsere trägen Tritte
nach Raum und Zeit;
und sind (und wissen's nicht) in Mitte
der Ewigkeit.

Johann Gottfried von Herder

Der gute Wille hilft zu vollkommener Kenntnis.
Johann Wolfgang von Goethe

Dieser Erdenkreis
Gewährt doch Raum zu großen Taten.
Johann Wolfgang von Goethe

Frisch gewagt ist halb gewonnen,
halb schon ist das Werk vollbracht.
Johann Wolfgang von Goethe

Habe deine Zwecke im Ganzen vor Augen
und lasse dich im Einzelnen
durch die Umstände bestimmen.
Johann Wolfgang von Goethe

Es ist nicht genug, zu wissen,
man muß es auch anwenden;
es ist nicht genug, zu wollen,
man muß es auch tun.
Johann Wolfgang von Goethe

Was du bei diesem wichtigen Schritt verlierst,
erscheint dir ohne Wert und ohne Würde;
Was du erwartest, schätzest du zu sehr.
Johann Wolfgang von Goethe

Nur eine papierne Scheidewand trennt uns
öfters von unseren wichtigsten Zielen,
wir dürfen sie keck einstoßen und es wäre getan.
Johann Wolfgang von Goethe

Liegt dir gestern klar und offen
wirkst du heute kräftig frei,
kannst auch auf ein Morgen hoffen,
das nicht minder glücklich sei.
Johann Wolfgang von Goethe

**Ein guter Abend
kommt heran,
wenn ich den ganzen
Tag getan.**
***Johann Wolfgang von
Goethe***

Es soll nicht genügen, daß man Schritte tue, die einst zum Ziele führen, sondern jeder Schritt soll Ziel sein und als Schritt gelten.
Johann Wolfgang von Goethe

Lust und Liebe
sind Fittiche
zu großen Taten.
Johann Wolfgang von Goethe

Die Menschen werden durch Gesinnungen vereinigt,
durch Meinungen getrennt.
Johann Wolfgang von Goethe

Denn das Leben streuet
Blum und Dorne!
Ziel ist Ziel!
Das uns heute freuet.
Johann Wolfgang von Goethe

Edel sei der Mensch,
hilfreich und gut.
Denn das allein
unterscheidet ihn
von allen Wesen,
die wir kennen.

Heil den unbekannten
höhern Wesen,
die wir ahnen!
Ihnen gleiche der Mensch;
sein Beispiel lehr uns
jene glauben.

Denn unfühlend
ist die Natur:
Es leuchtet die Sonne
über Bös' und Gute,
und dem Verbrecher
glänzen wie dem Besten
der Mond und die Sterne.
Johann Wolfgang von Goethe

Geheimnisvoll am lichten Tag
läßt sich Natur des Schleiers nicht berauben,
und was sie deinem Geist nicht offenbaren mag,
das zwingst du ihr nicht ab mit Hebeln und mit Schrauben.

Johann Wolfgang von Goethe

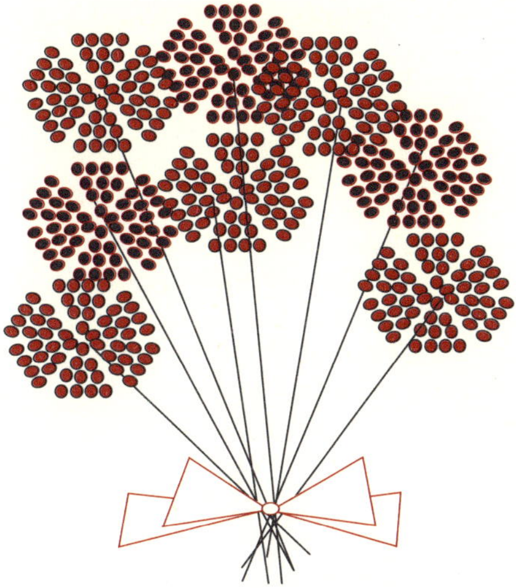

Ursprünglich eig'nen Sinn
laß Dir nicht rauben!
Woran die Menge glaubt,
ist leicht zu glauben.

Johann Wolfgang von Goethe

Was heute nicht geschieht, ist morgen nicht getan,
und keinen Tag soll man verpassen,
das Mögliche soll der Entschluß
beherzt sogleich beim Schopfe fassen.
Er will es dann nicht fahren lassen
und wirkt weiter, weil er muß.

Johann Wolfgang von Goethe

Weite Welt und breites Leben,
Langer Jahre redlich Streben,
Stets geforscht und stets gegründet,
Nie geschlossen, oft geründet,
Ältestes bewahrt mit Treue,
Freundlich aufgefaßtes Neue,
Heitern Sinn und reine Zwecke:
Nun, man kommt wohl eine Strecke!

Johann Wolfgang von Goethe

Zwischen heut' und morgen,
liegt eine lange Frist;
lerne schnell besorgen,
da Du noch munter bist.

Johann Wolfgang von Goethe

Tue Deine Pflicht,
bis sie Dir zur Freude wird!

Marie von Ebner-Eschenbach

Herz, in deinen sonnenhellen
Tagen halt nicht karg zurück!
Allwärts fröhliche Gesellen
trifft der Frohe und sein Glück.

Sinkt der Stern; alleine wandern
magst du bis ans End der Welt -
bau du nur auf keinen andern
als auf Gott, der Treue hält.

Joseph von Eichendorff

Macht euch daher nicht Sorge für den morgigen Tag;
denn der morgige Tag wird für sich selber sorgen.
Jedem Tag genügt seine Plage.
Matthäus 6, 34

Beobachte das Schwimmen der Fische im Wasser, und du
wirst den Flug der Vögel in der Luft begreifen.
Leonardo da Vinci

Was zagst du, Herz, in solchen Tagen,
wo selbst die Dornen Rosen tragen?
Ludwig Uhland

Wer mit dem Leben spielt,
kommt nie zurecht,
wer sich nicht selbst befiehlt,
bleibt immer Knecht!
Johann Wolfgang von Goethe

Die Leute sollten nicht immer soviel nachdenken,
was sie wohl tun sollten,
sie sollten lieber bedenken,
was sie sein sollten.
Bist du gerecht, so sind auch deine Werke gerecht.
Die Werke heiligen uns nicht,
sondern wir müssen die Werke heiligen.
Meister Eckart

Drei Zigeuner fand ich einmal
liegen an einer Weide,
als mein Fuhrwerk mit müder Qual
schlich durch sandige Heide.

Hielt der eine für sich allein
in den Händen die Fiedel,
spielte, umglüht von Abendschein
sich ein feuriges Liedel.

Hielt der zweite die Pfeif' im Mund,
blickte nach seinem Rauche,
froh als ob er vom Erdenrund
nichts zum Glücke mehr brauchte.

Und der dritte behaglich schlief,
und sein Zimbal am Baum hing,
über die Saiten der Windhauch lief,
über sein Herz ein Traum ging.

An den Kleidern trugen die drei
Löcher und bunte Flicken,
aber sie boten trotzig frei
Spott den Erdengeschicken.

Dreifach haben sie mir gezeigt,
wenn das Leben uns nachtet,
wie man's verraucht, verschläft, vergeigt
und es dreimal verachtet.

Nach den Zigeunern lang noch schaun
mußt ich im Weiterfahren,
nach den Gesichtern dunkelbraun,
den schwarzlockigen Haaren.

Nikolaus Lenau

Ford're kein lautes Anerkennen!
Könne was, und man wird Dich kennen.

Paul Heyse

Angst vor morgen
kommt immer
einen Tag zu früh.
Phil Bosmans

Keiner ist Meister geworden,
dem nicht auch mal ein Werk mißlang.
Russisches Sprichwort

Laß Dich gut beraten, bevor Du beginnst;
doch wenn Du Dich entschieden hast, handle sofort!
Sallust

Nicht, wer wenig hat,
sondern wer viel wünscht,
ist arm.
Seneca

Wenn Du klug bist,
so mische eines mit dem anderen;
hoffe nicht ohne Zweifel,
und zweifle nicht ohne Hoffnung.
Seneca

Bedenke, daß die menschlichen Verhältnisse
insgesamt unbeständig sind.
Dann wirst Du im Glück nicht zu fröhlich
und im Unglück nicht zu traurig sein.
Sokrates

Drei Dinge machen den Meister:
Wissen, Können und Wollen.
Sprichwort

Nur in der Arbeit wohnt der Frieden,
und in der Mühe wohnt die Ruh'.
Theodor Fontane

Nur wer an die Zukunft glaubt,
glaubt an die Gegenwart.
Weisheit aus Brasilien

Als ich noch in Jugendtagen
noch ohne Grübelei,
da meint' ich mit Behagen,
mein Denken wäre frei.

Seitdem hab ich' die Stirne
oft auf die Hand getützt
und fand, daß im Gehirne
ein harter Knoten sitzt.
Mein Stolz, der wurde kleiner.
Ich merkte mit Verdruß:
Es kann doch unsereiner
nur denken, wie er muß.
Wilhelm Busch

Laß ihn im Galoppe tollen,
reite ruhig deinen Trab.
Ein zu ungestürmes Wollen
wirft von selbst den Reiter ab.
Wilhelm Busch

Als mir die Zeit entgegenkam,
erschien sie mir hübsch wundersam
und angenehm und lecker.
Sie ging vorüber, und - o weh! -
Nun, da ich sie von hinten seh,
bemerk' ich ihren Höcker.
Wilhelm Busch

Mein Sohn, hast Du allhier auf Erden
Dir vorgenommen, was zu werden,
sei nicht keck;
Und denkst Du, sei ein stiller Denker.
Nicht leicht befördert wird der Stänker.
Mit Demut salbe Deinen Rücken,
voll Ehrfurcht hast Du Dich zu bücken,
mußt heucheln, schmeicheln, mußt Dich fügen;
Denn selbstverständlich nur durch Lügen
kommst Du vom Fleck:
O tu's mit Eifer, tu's geduldig,
bedenk, was Du Dir selber schuldig.
Das Gönnerherz wird sich erweichen,
und wohlverdient wirst Du erreichen
den guten Zweck.

Wilhelm Busch

Spare deine guten Lehren
für den eigenen Genuß.
Kaum auch wirst du wen bekehren,
zeigst du, wie man's machen muß.

Wilhelm Busch

Bestandene Prüfungen

Der Stein, der dir vom Herzen gefallen ist,
soll zum puren Gold dir werden.

In unser aller Namen
gratuliere ich zum Examen:
Jetzt beginnt ein neuer Lebensabschnitt!
Und wir alle freun uns und gehen ihn mit!

Ohne Neugier gäbe es keine neue Erkenntnis,
ohne Staunen keine neuen Ideen und
Vorstellungen und ohne hatnäckigen,
bohrenden Fleiß keinen Erfolg.

Wo Fleiß und Ernst zusammenkommen,
wird manche Hürde leicht genommen.
Mit Recht ist man dann stolz, froh und heiter.
Gratulation! Weiter so auf der Lebensleiter!

Du sollst auch mit allem, was
krumm ist an dir,
an einem guten Platz
und im Licht des Himmels leben dürfen.

Laß auch gelten an dir,
was nicht gedeihen konnte,
und auch das Knorrige, das Unfertige.

Wochenlang war man beklommen,
weil die Zeit der Prüfung kam.
Nun ist die Hürde glatt genommen,
und keiner ist dem Schicksal gram.
Da können wir alle fröhlich jubilieren
und zum bestandenen Examen gratulieren.

Kein Ziel ist so hoch,
daß es unwürdige Methoden rechtfertige.
Albert Einstein

Der nächste Weg zu Gott
ist durch der Liebe Tür.
Der Weg der Wissenschaft
bringt dich gar langsam für.
Angelus Silesius

Wenn ich einen grünen Zweig im Herzen trage,
wird sich ein Singvogel darauf niederlassen.
Chinesische Weisheit

Genieße, was dir Gott beschieden,
entbehre gern, was du nicht hast.
Ein jeder Stand hat seinen Frieden,
ein jeder Stand hat seine Last.
Christian Fürchtgott Gellert

Wer fragt, der lernt.
Deutsches Sprichwort

Man darf das Schiff nicht an einen einzigen Anker
und das Leben nicht an eine einzige Hoffnung binden.
Epiktet

Nicht darauf richte Deinen Sinn,
daß die Dinge gehen, wie Du wünschest,
sondern daß Du wünschest, wie die Dinge gehen -
so wirst Du gute Fahrt haben.
Epiktet

Das sind die Weisen,
die durch Irrtum zur Wahrheit reisen.
Die bei dem Irrtum verharren,
das sind die Narren.
Friedrich Rückert

Alles sei recht, was du tust; doch dabei laß es bewenden,
Freund, und enthalte dich ja, alles, was recht ist, zu tun.
Wahrem Eifer genügt, daß das Vorhandene vollkommen sei
der falsche will stets, daß das Vollkommene sei.

Friedrich von Schiller

Eng ist die Welt,
und das Gehirn ist weit,
leicht beieinander
wohnen die Gedanken,
doch hart im Raume
stoßen sich die Sachen.

Friedrich von Schiller

Rastlos vorwärts mußt Du streben,
nie ermüdet stille stehn,
willst Du die Vollendung sehn;
mußt ins Breite Dich entfalten,
soll sich Deine Welt gestalten;
in die Tiefe mußt Du steigen,
soll sich Dir das Wesen zeigen.
Nur Beharrung führt zum Ziel,
nur die Fülle führt zur Klarheit,
und im Abgrund wohnt die Wahrheit.

Friedrich von Schiller

Tu frei und offen, was du nicht willst lassen,
doch wandle streng auf selbstbeschränkten Wegen
und lerne früh nur deine Fehler hassen!
Gottfried Keller

Es muß der eine nicht den andern mäkeln,
es muß der Knorr den Knubben hübsch vertragen.
Es muß ein Gipfelchen sich nicht vermessen,
daß es allein der Erde sei entsprossen.
Gotthold Ephraim Lessing

Ein Mensch kann nicht alles wissen,
aber etwas muß jeder haben,
was er ordentlich versteht.
Gustav Freytag

Wir sind um so stärker, je mehr wir das Leben anerkennen,
je mehr wir im Innersten mit dem einig sind,
was uns von außen geschieht.
Hermann Hesse

Willst Du getrost durchs Leben geh'n,
blick' über Dich!
Willst Du nicht fremd im Leben steh'n,
blick' um Dich!
Willst Du Dich selbst in einem Werte seh'n,
blick in Dich!
Johann Kaspar Lavater

Überhaupt hat der Fortschritt das an sich,
daß er viel größer ausschaut, als er wirklich ist.
Johann Nepomuk Nestroy

Ich denke, jeder müsse bei sich selber anfangen
und zunächst sein eigenes Glück machen,
woraus denn zuletzt das Glück des Ganzen
unfehlbar entstehen wird.

Johann Wolfgang von Goethe

Du sehnst dich, weit hinauszuwandern,
bereitest dich zu raschem Flug.
Dir selbst sei treu und treu den andern,
dann ist die Enge weit genug!

Johann Wolfgang von Goethe

Nutze Deiner jungen Tage,
lerne zeitig, klüger sein.
Auf des Glückes großer Waage
steht die Zunge selten ein.
Du mußt steigen oder sinken,
Du mußt herrschen und gewinnen
oder dienen und verlieren,
leiden oder triumphieren,
Amboß oder Hammer sein!

Johann Wolfgang von Goethe

Volk und Knecht und Überwinder
sie gestehn zu jeder Zeit:
Höchstes Glück der Erdenkinder
sei nur die Persönlichkeit.

Jedes Leben sei zu führen,
wenn man sich nicht selbst vermißt;
Alles könne man verlieren,
wenn man bliebe, was man ist.

Johann Wolfgang von Goethe

Was aber den wahren Erfolg betrifft,
gegen den bin ich nicht im mindesten gleichgültig;
vielmehr ist der Glaube an denselben
immer mein Leitstern bei allen meinen Arbeiten.
Johann Wolfgang von Goethe

Lernen und nicht denken ist nichtig.
Denken und nicht lernen ist gefährlich.
Konfuzius

Kläglich ist der Schüler,
der seinen Meister nicht übertrifft
Leonardo da Vinci

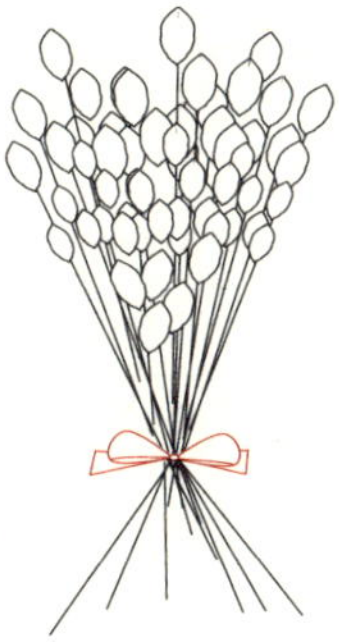

Genug weiß niemand, zuviel so mancher.
Marie von Ebner-Eschenbach

Ein stolzer Mensch
verlangt von sich das
Außerordentliche.
Ein hochmütiger Mensch
schreibt sich viel zu.
Marie von Ebner-Eschenbach

Sei dennoch unverzagt,
gib dennoch unverloren,
Weich keinem Glücke nicht,
Steh höher als der Neid,
Vergnüge dich an dir
und acht es für kein Leid,
Hat sich gleich wider dich
Glück, Ort und Zeit
Verschworen!

Paul Fleming

Wer den Erfolg nicht sucht, der verpaßt ihn.

Sprichwort

Das flücht'ge Lob, des Tages Ruhm
magst du dem Eitlen gönnen;
das aber sei dein Heiligtum:
Vor dir bestehen können.

Theodor Fontane

Der eine fragt: "Was kommt danach?"
Der and're fragt nur: "Ist es recht?"
Und also unterscheidet sich
Der Freie von dem Knecht.

Theodor Storm

Die Erfahrung kostet ein hohes Schulgeld,
aber ihr Unterricht ist unbezahlbar.

Thomas Carlyle

Das Staunen ist eine Sehnsucht nach Wissen.

Thomas von Aquin

Dummheit, die man bei den anderen sieht,
wirkt meist erhebend aufs Gemüt.
Wilhelm Busch

Ach der Tugend schöne Werke,
gerne möcht ich sie erwischen,
doch ich merke, doch ich merke,
immer kommt mir was dazwischen.
Wilhelm Busch

Nicht allein das Abc
bringt den Menschen in die Höh',
sondern auch der Weisheit Lehren
muß man mit Vergnügen hören.
Wilhelm Busch

So ist's in alter Zeit gewesen,
so ist es, fürcht ich, auch noch heut.
Wer nicht besonders auserlesen,
dem macht die Tugend Schwierigkeiten.
Wilhelm Busch

Sokrates, der alte Greis,
Sagte oft in tiefen Sorgen:
"Ach, wieviel ist doch verborgen,
Was man immer noch nicht weiß."

Und so ist es. - Doch indessen
Darf man eines nicht vergessen:
Eines weiß man doch hienieden,
Nämlich, wenn man unzufrieden.
Wilhelm Busch

Reise

Eine ganze Woche lang
durft' ich bei dir sein.
Dafür sage ich dir Dank.
Es war wirklich fein!

Genieß voll Inbrunst die Natur,
mit vollem Herz und leerem Bauch;
erwandere dir Wald und Flur.
Sei fröhlich, wie's beim Wandern Brauch.

Dir wünsch ich keinen langen Stau,
genug Benzin und Glück dazu.
Fahr nicht zu wild! Fahr lieber schlau!
Der Lenker deines Glücks bist du.

Du fährst als Tramper. Sei dir im klaren,
daß nicht ein jeder Fahrer wirklich gastfrei ist.
Doch mögen alle, die dich fahren,
so nett sein, wie du selber bist!

Ich wünsch dir gute Sicht auf deiner Reise,
dein Platz sei weich und sehr bequem.
Recht gute Fahrt! Und auf angenehme Weise
nur nette Nachbarn außerdem.

Einen allseits guten Start
wünsche euch ich zur Urlaubsfahrt!
Euch sei der Himmel hell und blau,
auf den Straßen niemals Stau!
Und damit das Maß wird wirklich voll,
bleibt mir auch ungeschoren von dem Zoll.
Dieses wünsch ich euch mit Schmerzen.
Nach dem Urlaub, das wird schön,
gibts ein frohes Wiedersehn!

Fliegst du durch Himmelsblau und Sonnenschein,
wird dein Blick weit, die Luft wird rein.
Glück auf für deinen Flug!
Und dein Herz sei vor Freude leicht
und von Sorgen frei.

Mein guter Wunsch wird dich begleiten.
Dein Sitz sei weich, die Stimmung heiter.
Ich wünsche dir und allen Leuten
im Autobus vergnügte Fahrt und nette Begleiter!

Wenn dich sanft die Meereswellen treiben,
dann denk auch mal an uns zurück,
die wir mußten am Festland bleiben.
Ich wünsch dir für die Seefahrt Glück.

Sei lieber ein kleines Lämpchen,
das einen dunklen Winkel
mit eigenem Licht erleuchtet,
als ein großer Mond einer
fremden Sonne.
Adolf von Knigge

Nach langer Arbeit glücklichem Vollbringen
mit süßem Nichts die Tage zu verträumen,
bei jedem flüchtigen Genuß zu säumen,
am Großen sich ergötzend und Geringen;

aus edlen Dichtern einen Vers zu singen
gestreckt ins Gras, wo laute Quellen schäumen,
an Rosenhecken unter Lindenbäumen
das Leben unbesorgt dahinzubringen;

im Mai die Stirn mit jungem Laub zu krönen,
die lauen Nächte, bis es wieder taget,
durch Weingenuß und Liebe zu verschönen:

dies ist, und wenn mich auch darob verklaget
ein Sittenrichter, der es will verpönen,
das einzige, was meinem Sinn behaget.

August Graf von Platen

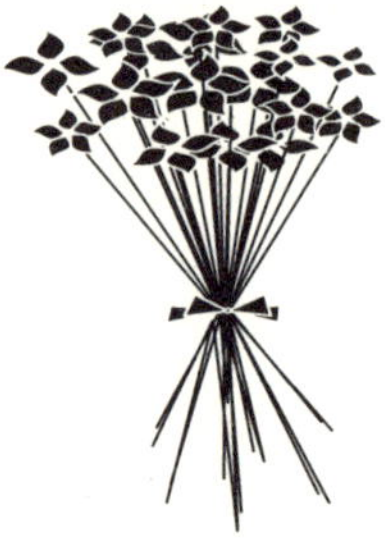

Wir brauchen nicht so fortzuleben,
wie wir gestern gelebt haben.
Machen wir uns von dieser
Anschauung los, und
tausend Möglichkeiten
laden uns zu neuem Leben ein.

Christian Morgenstern

Lebe wohl! - du fühlest nicht,
was es heißt, dies Wort der Schmerzen,
mit getrostem Angesicht
sagest du's und leichtem Herzen.
Lebe wohl! - Ach, tausendmal
hab' ich es mir vorgesprochen
und, in nimmersatter Qual,
mir das Herz damit zerbrochen!

Eduard Mörike

Wie schön,
wie einzig tröstlich, zu wissen,
daß der Geist nicht sterben kann,
unter keinen Qualen,
durch keine Verleumdungen
in keinen Wüsten.

Dies zu wissen,
macht das Fortgehen leicht.

Franz Marc

Die Tauben von San Marco seh' ich wieder:
Still ist der Platz, Vormittag ruht darauf.
In sanfter Kühle schick' ich müßig Lieder
gleich Taubenschwärmen in das Blau hinauf -
und locke sie zurück,
noch einen Reim zu hängen ins Gefieder
- Mein Glück! Mein Glück!

Du stilles Himmels-Dach, blau-licht, von Seide,
wie schwebst du schirmend, ob des bunten Bau's,
den ich - was sag ich? - liebe, fürchte, neide...
Die Seele wahrlich tränk' ich gern ihm aus!
Gäb ich sie je zurück? -
Nein, still davon, du Augen-Wunderweide!
- Mein Glück! Mein Glück!

Du strenger Turm, mit welchem Löwendrange
stiegst du empor hier, siegreich, sonder Müh'.
Du überklingst den Platz mit tiefem Klange -:
Französisch wärst du sein accent aigu?
Blieb ich gleich dir zurück,
ich wüßte, aus welch seidenweichem Zwange...
- Mein Glück! Mein Glück!

Fort, fort, Musik! Laß erst die Schatten dunkeln
und wachsen bis zur braunen, lauen Nacht!
Zum Tone ist's zu früh am Tag, noch funkeln
die Gold-Zieraten, nicht in Rosen-Pracht.
Noch blieb viel Tag zurück,
viel Tag für Dichten, Schleichen, Einsam-Munkeln
- Mein Glück! Mein Glück!

Friedrich Nietzsche

Glück auf! nun will ich wandern
von früh bis abends spät,
so weit auf dieser Erde
die Sonne auf mir geht!

Ich führe nur Stab und Becher,
mein leichtes Saitengetön;
Ich wundre mich über die Maßen,
wie's überall so schön!

Oft ist die Ebene schöner
als meine Berge, so hoch!
Und wo kein blauer Himmel
gibt's Purpurwolken doch.

Und wo kein schmachtender Lotus,
wächst blühendes Heidekraut,
wo keine gotischen Dome,
sind trojanische Tempel gebaut.

Und bin ich des Griechischen müde,
so lockt mich die Moschee:
Ich kleid in maurische Schnörkel
mein abendländisches Weh.

Das Heimweh nach der Wirtin!
Sie find ich in keinem Haus,
und nach der einzig Einen
jag ich Welt ein und aus.

Hei da, du wilder Jäger,
du Bauer dort im Kraut,
hast du, verwegner Schiffer,
die Wirtin nirgend geschaut?

Frau Freiheit heißt die Schönste!
Sie ist von keuschem Blut;

sie hält sich Wanderschuhe
und einen Reisehut.

Wo kocht sie jetzt die Rüben?
Wo mahlt sie jetzt ihr Korn?
Wo striegelt sie die Knechte?
Wo reutet sie den Dorn?

Sie ist eine Melusine:
Wer sie hat und nach ihr fragt,
dem wandert sie aus dem Hause
frühmorgens, eh es tagt

Gottfried Keller

Wer allzeit hinterm Ofen sitzt,
Grillen fängt und Hölzlein spitzt
und fremde Leute nie beschaut,
der bleibt ein Narr in seiner Haut.

Hans Sachs

Es führet uns am Gängelband
ein ganzes Heer von Vorurteilen.
Kaum hat man ein Gespenst verbannt,
und ganze neue Rotten eilen
dem Orte zu, wo das verjagte stand.

Johann Gottfried Seume

Wer reisen will,
der schweigt fein still,
nehm wenig mit,
geh steten Schritt,
steh frühe auf am Morgen
und laß' daheim die Sorgen.

Johann Michael Moscherosch

Wo man singet, laß dich ruhig nieder,
ohne Furcht, was man im Lande glaubt;
wo man singet, wird kein Mensch beraubt:
Bösewichter haben keine Lieder.

Johann Gottfried Seume

Reisen lern ich wohl auf dieser Reise,
ob ich leben lerne, weiß ich.nicht.

Johann Wolfgang von Goethe

Auf der Reise rafft man auf, was man kann, jeder Tag bringt etwas, und man eilt auch, darüber zu denken und urteilen.

Johann Wolfgang von Goethe

Heute geh ich. Komm ich wieder,
Singen wir ganz andre Lieder.
Wo so viel sich hoffen läßt,
Ist der Abschied ja ein Fest.

Johann Wolfgang von Goethe

Das ist das Angenehme auf Reisen,
daß auch das Gewöhnliche durch Neuheit
und Überraschung das Ansehen
eines Abenteuers gewinnt.

Johann Wolfgang von Goethe

Wer von der Schönen zu scheiden verdammt ist,
Fliehe mit abgewendetem Blick!
Wie er, sie schauend, im Tiefsten entflammt ist,
Zieht sie, ach! reißt sie ihn ewig zurück.

Johann Wolfgang von Goethe

Bleibe nicht am Boden heften,
frisch gewagt und frisch hinaus!
Kopf und Arm mit heitren Kräften,
überall sind sie zu Haus.
Wo wir uns der Sonne freuen,
sind wir jeder Sorge los.
Daß wir uns in ihr zerstreuen,
darum ist die Welt so groß.
Johann Wolfgang von Goethe

Laß mein Aug den Abschied sagen,
Den mein Mund nicht nehmen kann!
Schwer, wie schwer ist er zu tragen,
Und ich bin doch sonst ein Mann.
Johann Wolfgang von Goethe

Man muß nur in die Fremde gehen,
um das Gute kennenzulernen,
was man zu Hause besitzt.
Johann Wolfgang von Goethe

Durch Feld und Buchenhallen,
bald singend, bald fröhlich still,
recht lustig sei vor allen,
wers Reisen wählen will!
Wenns kaum im Osten glühte,
die Welt noch still und weit,
da weht recht durchs Gemüte
die schöne Blütenzeit!
Die Lerch als Morgenbote
sich in die Lüfte schwingt.
Eine frische Reisenote
durch Wald und Herz erklingt.
O Lust, vom Berg zu schauen
weit über Feld und Strom,
hoch über sich den blauen,
tiefklaren Himmelsdom!
Vom Berge Vöglein fliegen
und Wolken so geschwind.
Gedanken überfliegen
die Vögel und den Wind.
Die Wolken ziehn hernieder,
das Vöglein senkt sich gleich:
Gedanken gehn und Lieder
fort bis ins Himmelreich!

Joseph von Eichendorff

Ich wünsch dir einen breiten Weg
und ganz wenig Steine nur.

Polnisches Sprichwort

Fortuna lächelt, doch sie mag
nur ungern uns beglücken;
schenkt sie uns einen Sommertag,
schenkt sie uns auch Mücken.

Wilhelm Busch

Es rauschen die Wipfel und schauern,
als machten zu dieser Stund
um die halbversunkenen Mauern
die alten Götter die Rund.

Hier hinter den Myrtenbäumen
in heimlich dämmernder Pracht,
was sprichst du wirr wie in Träumen
zu mir, phantastische Nacht?

Es funkeln auf mich alle Sterne
mit glühendem Liebesblick,
es redet trunken in der Ferne
wie von künftigem, großem Glück! -

Joseph von Eichendorff

O Täler weit, o Höhen,
o schöner, grüner Wald,
du meiner Lust und Wehen
andächtiger Aufenthalt!
Da draußen, stets betrogen,
saust die geschäftige Welt.
Schlag noch einmal den Bogen
um mich, du grünes Zelt!
Wenn es beginnt zu tagen,
die Erde dampft und blinkt.
Die Vögel lustig schlagen,
daß dir dein Herz erklingt:
Da mag vergehn, verwehen
das trübe Erdenleid.
Da sollst du auferstehen
in junger Herrlichkeit!
Da steht im Wald geschrieben
ein stilles, ernstes Wort
vom rechten Tun und Lieben
und was des Menschen Hort.
Ich habe treu gelesen
die Worte, schlicht und wahr,
und durch mein ganzes Wesen
wards unaussprechlich klar.
Bald werd ich dich verlassen,
fremd in die Fremde gehn,
auf buntbewegten Gassen
des Lebens Schauspiel sehn;
und mitten in dem Leben
wird deines Ernsts Gewalt
mich Einsamen erheben.
So wird mein Herz nicht alt.

Joseph von Eichendorff

Wem Gott will rechte Gunst erweisen,
den schickt er in die weite Welt.
Dem will er seine Wunder weisen
in Berg und Tal und Strom und Feld.

Die Trägen, die zu Hause liegen,
erquicket er mit Morgenrot.
Sie wissen nur von Kinderwiegen,
von Sorgen, Last und Not um Brot.

Die Bächlein von den Bergen springen,
die Lerchen schwirren hoch vor Lust.
Was sollt ich nicht mit ihnen singen
aus voller Kehl und frischer Brust?

Den lieben Gott laß ich nur walten,
der Bächlein, Lerchen, Wald und Feld
und Erd und Himmel will erhalten,
hat auch mein Sach aufs best bestellt.

Joseph von Eichendorff

Die Zeit, sie orgelt emsig weiter,
Sein Liedchen singt dir jeden Tag,
Vermischt mit Tönen, die nicht heiter,
Wo keiner was von hören mag.

Sie klingen fort. Und mit den Jahren
Wir draus ein voller Singverein.
Es ist, um aus der Haut zu fahren.
Du möchtest gern woanders sein.

Nun gut, Du mußt ja doch verreisen.
So fülle denn den Wanderschlauch.
Vielleicht vernimmst du neue Weisen,
Und Hühneraugen kriegst du auch.

Wilhelm Busch

Pegasus, du alter Renner,
Trag mich mal nach Afrika,
Alldieweil so schwarze Männer
Und so bunte Vögel da.

Kleider sind da wenig Sitte;
Höchstens trägt man einen Hut,
Auch wohl einen Schurz der Mitte;
Man ist schwarz und damit gut.-

Dann freilich jeder bange,
Selbst der Affengreis entfleucht,
Wenn die lange Brillenschlange
Zischend von der Palme kreucht.

Krokodile weinen Tränen,
Geier sehen kreischend zu;
Sehr gemein sind die Hyänen;
Schäbig ist der Marabu.

Wilhelm Busch

Reicht den Becher in die Runde!
Freudig preisen wir die Stunde,
Wo wir uns in fernen Landen
Brüderlich zusammenfanden
Zu dem schönsten Jugendbunde.
Aber Neid, der uns vertrieben,
Alter Haß, er sei vertrieben.
Wer da haßt, der haßt vergebens,
Denn die Summe unsres Lebens
Sind die Stunden, wo wir lieben.

Wilhelm Busch

Richtfest, Umzug und Auto

Wenn dieses Haus so lang nur steht,
bis aller Neid und Haß vergeht,
dann bleibt's fürwahr so lange stehn,
bis die Welt wird untergehn.

Bosheit, Feinde, schlimme Leiden
sollen eure Türe meiden!
Freude, Glück und Sonnenschein
sollen euch willkommen sein!

Möge dieses Haus gewähren
Hort und Heim in Glanz und Ehren
Denen, die es sich erbauten!
Und ihr Richtspruch möge lauten:
"Herr, beschütze unser Heim,
Gib uns deinen Segen drein!"

Nach vielen Mühen und langer Zeit
bekommt Ihr endlich die Belohnung:
Ihr habt glücklich Euer Ziel erreicht; es ist soweit.
Frieden, Eintracht, Glück und Freude
in der neuen Wohnung!

Gottes Ruh und Gottes Frieden
seien Euerm Haus beschieden!

Wenn du Freunde verlassen
oder fortziehen mußt,
dann können Euch vielleicht
tausend Kilometer voneinander trennen.
Aber für Gedanken und Herzen
gibt es keine Kilometer.

Das eigne Heim, es ist vollendet,
behüt's euch Gott, der Gutes sendet,
vor jedem Schaden, allem Ungemach
vom tiefen Keller bis zum hohen Dach.
Wir wünschen es sehr, so soll es sein:
Hier zieh'n mit euch Glück und Frieden ein!

Dem Mensch von heute etwas fehlt,
wenn er zum Rendezvous sich quält,
weil er in die Straßenbahn sich drückt.
Das Wandern gilt heut als verrückt,
denn diese Leute haben's schwer,
da voll Gefahr ist der Verkehr.
Doch wer stolz im eignen Wagen sitzt
und emsig durch die Landschaft flitzt,
der ist anerkannt, da ist man hin,
der gehört dazu, hat man erst IHN.
Unser, ...das ist fein,
kriegte seinen FÜHRERSCHEIN!

Dieses Haus steh in Gottes Hand.
Der Herr bewahr es vor Feuer und Brand,
und alle, die gehn aus und ein,
laß dir, o Herr, befohlen sein!

Gott behüt dies Haus so lang,
bis ein Schneck die Welt durchgang,
bis ein Ameis dürst so sehr,
daß sie austrinkt das ganze Meer.

Gott schütze dies Haus stets vor Gefahr
und schütze seinen Herrn.
Es stehe sicher Jahr um Jahr
und halt die Sorgen fern.
Der grüne Kranz sei ein Symbol
für uns're Bauherrn Glück,
das in dem Hause wohnen soll
in jedem Augenblick!

Im eigenen Hause sei beschieden
Euch Heimat, Glück und Gottes Frieden!
Der Familie diene es als Hort,
Es wehre ab Unfrieden und Tort!
Darauf laß mich in allen Ehren
Ein gutes Glas zu eurem Wohle leeren!

In diesem Haus soll Frieden wohnen,
verbannt seien Zank und Streit,
Mit Glück soll euch das Schicksal lohnen,
welch treue Freunde ihr uns seid.

Schützt auch das Dach vor Regen,
die Mauer vor dem Wind,
so ist doch allerwegen
an Gott allein gelegen,
ob wir geborgen sind.

Laß dich, Herr Jesu Christ,
durch mein Gebet bewegen,
komm in mein Haus und Herz
und bringe mir den Segen.
All Arbeit, Müh und Kunst
ohne dich nichts richtet aus;
wo du mit Gnaden bist,
kommt Segen in das Haus.

Tragt Glück hinein und Sorgen hinaus,
wünsch ich euch zum neuen Haus.
Zu eurer Heimat werde es schnell,
das euch schützt und wärmet wie ein Fell,
das euch beschirme vor Mühsal und Plag,
euch nur beschere gute Tag'!

Lang ersehnt, jetzt endlich wahr:
Ihr habt ein Haus! Wie wunderbar!
Es sei und bleibe euch allezeit
Glücksquelle der Gemeinsamkeit!

Wir wollen gratulieren,
gerichtet ist das Haus,
es hat Fenster und Türen
und sieht gar stattlich aus.

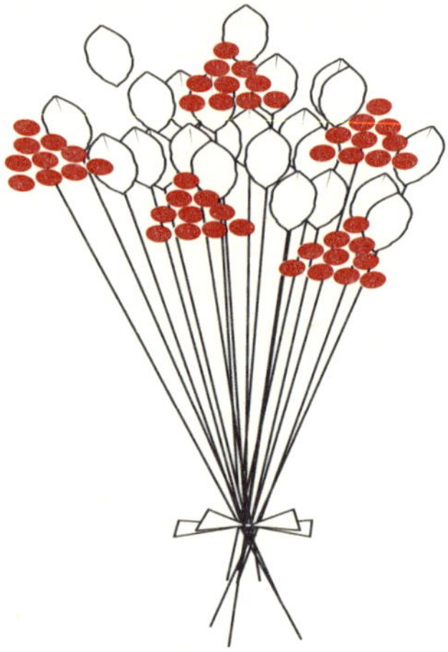

Der Maurer hat's gemauert,
der Zimmrer überdacht;
doch daß es hält und dauert,
das steht in Gottes Macht.

In jedes Haus, wo Liebe wohnt,
scheinen hinein Sonne und Mond,
und mag es groß sein oder klein,
es kommt der Frühling doch hinein.

Zum neuen Auto: Guten Start!
Fahr flott, doch immer zahm!
Ich wünsche immer gute Fahrt,
und möglichst immer freie Bahn!
Zum neuen Heime wünschen wir,
daß ihr glücklich und zufrieden seid.
Zu eurem Einzug haben hier
zwei Gaben wir bereit:
Das Brot, es gehe niemals aus,
und Salz, das würze jeden Schmaus,
solange ihr hier weilt
und euer Brot mit guten Freunden teilt.
Solange ihr habt Salz und Brot
bleibt ferne von euch alle Not.
Wie manche Kunst, man sagt's nicht aus,
muß helfen, um zu baun ein Haus!
Die Kunde hab ich erst gewonnen,
nachdem ich eins zu baun begonnen.
Zusammen wirkt da jede Zunft,
als ständ' am Weltbau Weltvernunft;
und wie sie durcheinanderrennen,
scheint jeder seinen Platz zu kennen.
Wie dieser dies, und jener das
und jeder tut, ich weiß nicht was,
muß ich sie nur gewähren lassen
und auf die Kostenzettel passen.
Wär' alles dies nicht längst erdacht,
ich hätt' es nicht hervorgebracht
und hätte müssen mich begnügen,
ein Hüttendach aus Rohr zu fügen.

Friedrich Rückert

Dreimal umgezogen ist so gut
wie einmal abgebrant.
Benjamin Franklin

Herr Christ, nun breit die Arme aus
und segne unser liebes Haus!
Behüt die Kammer und die Keller
und mach sie alle Tage heller.
Die Wanderer, die vorübereilen,
die solln gern bei uns verweilen.
Laß alle guten Geister ein,
tritt selbst, sooft du magst, herein!
Und segne Brot und Salz und Flachs
und auch das goldne Lichterwachs.
Bewahre uns vor Brand und Flut.
Beschirm des Herdes heilge Glut.
Und alle Blumen laß gedeihn
und dir zur Freud gewachsen sein.
Halt klar und rein die Wasserquelle
und wehr der Sünde diese Schwelle.
Dies Haus weiß um des Kreuzes Last,
die du für uns getragen hast.
Herr Jesus, breit die Arme aus
und segne unser liebes Haus.
Gerhard Tersteegen

Im Hause, wo der Gatte sicher waltet,
Da wohnt allein der Friede, den vergebens
Im Weiten, du da draußen, suchen magst.
Johann Wolfgang von Goethe

Nimm alles leicht! Das Träumen laß und Grübeln!
So bleibst du wohlbewahrt vor tausend Übeln.
Ludwig Uhland

Das neue Haus ist aufgerichtet,
gedeckt, gemauert ist es nicht.
Noch können Regen und Sonnenschein
von oben und überall herein:
Drum rufen wir zum Meister der Welt,
er wolle von dem Himmelszelt
nur Heil und Segen gießen aus
hier über dieses offne Haus.
Zuoberst woll er gut Gedeihn
in die Kornböden uns verleihn;
in die Stube Fleiß und Frömmigkeit,
in die Küche Maß und Reinlichkeit,
in den Stall Gesundheit allermeist,
in den Keller dem Wein einen guten Geist.
Die Fenster und Pforten woll er weihn,
daß nichts Unseliges komm herein,
und daß aus dieser neuen Tür
bald fromme Kindlein springen für.
Nun, Maurer, deckt und mauert aus!
Der Segen Gottes ist im Haus!

Ludwig Uhland

Fahr nicht schneller
als dein Schutzengel.
Der hält dir nicht
das Steuer, wenn du
wie der Teufel fahrst.

Phil Bosmans

Ruhestand

Die Arbeit, das war Ihnen Herzenssache;
Leistung war Ihr Grundsatz und nicht Mache.
Dies anzuerkennen nach unserer langen Zeit,
ist heute die Gelegenheit.
Dank für vorbildliche Tüchtigkeit,
für Charakterfestigkeit und Haltung.
Unser Wunsch: Noch eine lange Zeit,
arm an Krankheit, reich an Gestaltung!

Die Pflicht, das war Ihr Leben;
treulich haben Sie gewagt, gewägt.
So erfüllte sich Ihr ganzes Streben,
das den Lohn schon in sich selber trägt.
Doch das Leben geht für Sie noch weiter;
und neue Pflichten warten jetzt auf Sie.
Bleiben Sie gesund, aktiv und heiter!
Dank! Vergessen werden wir Sie nie!

Ob die Ruhe, der Sie sehn entgegen,
wirklich geruhsam wird? Wer weiß!
Sicher werden Sie in Ihrem Kreis
sich mit neuem Einsatz tüchtig regen.

Wer Sie kennt, steht bald unter Ihrem Bann!
Witz, Verstand, Aktivität und Fleiß
legen Sie ganz sicher nicht auf Eis!
Und darum bewundert Sie jedermann.

Auch wir es noch nicht im Verstand
begriffen haben, daß Sie uns aufgeben
um zu führn ihr eigenes Leben:
Von Herzen alles Gute zum Ruhestand.

Wir danken, daß Sie uns in all den Jahren
ein menschlich-lieber Kollege waren!
Nun wird Ihr Platz bei uns frei,
denn Ihre Zeit hier ist vorbei.
Wir wünschen für die Ruhezeit
Lebensmut, Glück und Gesundheit!

Wer nichts verlangt, hat alles. Wer alles tut verlangen, der
hat in Wahrheit noch nicht einen Stiel empfangen.
Angelus Silesius

Das Alter hat die Heiterkeit dessen,
der seine Fesseln los ist
und sich nun frei bewegt.
Arthur Schopenhauer

Die Ferne, welche dem Auge die Gegenstände verkleinert,
vergrößert sie dem Gedanken. Die Gegenwart allein ist
wahr und wirklich: sie ist die real erfüllte Zeit, und
ausschließlich in ihr liegt unser Dasein.
Arthur Schopenhauer

Gesundheit ist nicht alles; aber ohne Gesundheit
ist alles nichts. Besonders überwiegt die Gesundheit
alle äußeren Güter so sehr, daß wahrlich
ein gesunder Bettler glücklicher ist als ein kranker König.
Arthur Schopenhauer

Im Alter gibt es keinen schönern Trost,
als daß man die ganze Kraft seiner Jugend Werken
einverleibt hat, die nicht mit altern.
Arthur Schopenhauer

Alt werden will jeder,
älter werden niemand.
Deutsches Sprichwort

Wenn die Erinnerung an die Jugend nicht wäre,
so würde man das Alter nicht verspüren;
nur, daß man das nicht mehr zu tun vermag,
was man ehemals vermochte, macht die Krankheit aus.
Denn der Alte ist gewiß ein ebenso vollkommenes
Geschöpf in seiner Art wie der Jüngling.
Georg Christoph Lichtenberg

Alte soll man ehren,
Junge soll man lehren,
Weise soll man fragen,
Narren vertragen.
Deutsches Sprichwort

Nicht der Mensch hat am meisten gelebt,
welcher die höchsten Jahre zählt,
sondern derjenige, welcher sein Leben
am meisten empfunden hat.
Friedrich Rückert

Dreifach ist der Schritt der Zeit:
Zögernd kommt
die Zukunft hergezogen,
pfeilschnell ist das Jetzt verflogen,
ewig still steht die Vergangenheit.
Friedrich von Schiller

Es gibt eigentlich Jung und Alt
nur unter Dutzendmenschen,
alle begabteren und differenzierteren Menschen
sind bald alt, bald jung,
so wie sie froh und traurig sind.
Hermann Hesse

Kein Reichtum übertrifft den Reichtum
der Gesundheit, kein Gut ein heiteres Gemüt.
Jesus Sirach 30, 16

Humor ist der Schwimmgürtel auf dem Strom des Lebens.
Wilhelm Raabe

Die Herzensfreude ist
dem Menschen Leben; und Frohsinn
mehret dem Menschen seine Lebenstage.
Jesus Sirach 30,22

Möge ich Sie in stiller Tätigkeit antreffen,
aus der dann doch zuletzt am sichersten und
reinsten Weltumsicht und Erfahrung hervorgehen.
Johann Wolfgang von Goethe

Was vergangen, kehrt nicht wieder,
aber ging es leuchtend nieder,
leuchtet's lange noch zurück.
Karl Förster

Doppelt lebt,wer auch Vergangnes genießt.
Martial

Wer auf sich selber ruht,
steht gut.
Wer sich an and're hält,
dem wankt die Welt.
Paul Heyse

Es ist des Menschen würdiger, sich lachend
über das Leben zu erheben, als es zu beweinen.
Seneca

Ich werde älter und höre doch nicht auf,
immer noch viel zu lernen.
Solon

Die Tugend will nicht immer passen.
Im ganzen läßt sie etwas kalt,
und daß man eine unterlassen,
vergißt man bald.

Doch schmerzlich denkt manch alter Knaster,
der von vergangnen Zeiten träumt,
an die Gelegenheit zum Laster,
die er versäumt.

Wilhelm Busch

Die meisten Leute machen sich selbst bloß
durch übertriebene Forderungen an
das Schicksal unzufrieden.
Bei den Klagen, daß sie etwas aufgeben müssen,
was sie früher genossen, vergessen sie,
innerlich dafür dankbar zu sein,
daß sie es bis dann ungestört genossen.

Wilhelm von Humboldt

Wer sich heiter zu erhalten sucht, der sorgt nicht bloß für sein Glück, sondern er übt wirklich eine Tugend. Denn die Heiterkeit, selbst die wehmütige, macht zu allem Guten auferlegter und gibt dem Gemüt Kraft, sich selbst mehr aufzuerlegen und mehr für andere zu leisten.

Wilhelm von Humboldt

Silvester und Neujahr

Das neue Jahr bring' dir nur Freude,
viel neue Hoffnung, frischen Mut!
Dies alles wünsche ich dir heute
und hoffe, es wird für uns alle gut.
Und wenn einmal kommen schwere Tage,
wünsch ich dir Kraft, diese Plage
zu tragen so leicht wie ein kleines Kind,
das immer recht heiter und froh ist gesinnt.

Das neue Jahr hat grad begonnen,
die ersten Vorsätze sind zerronnen.
Was soll's! Es gibt jetzt kein Zurück!
Zum Neuen viel Erfolg und Glück!

Ein Jahr ist nichts, wenn man's verputzt,
ein Jahr ist viel, wenn man es nutzt.
Ein Jahr ist nichts, wenn man's verflacht,
ein Jahr war viel, wenn man es ganz durchdacht.
Ein Jahr war viel, wenn man es ganz gelebt,
in eigenem Sinn genossen und gestrebt.
Das Jahr war nichts, bei aller Freude tot,
das uns im Innern nicht Neues bot.
Das Jahr war viel, in allem Leide reich,
das uns getroffen mit des Geistes Streich.
Ein leeres Jahr war kurz, ein volles lang:
nur nach dem Vollen mißt des Lebens Gang.
Ein leeres Jahr ist Wahn, ein volles wahr.
Sei jedem voll dies gute, neue Jahr.

Froh laßt uns dies Jahr beschließen,
was auch immer es gebracht!
Wollte uns manches auch vermiesen,
haben wir doch viel gelacht.
Froh laßt uns ins neue schauen,
daß es uns nur Gutes bringt!
Laßt uns voll darauf vertrauen,
daß uns alles wohl gelingt,
was wir planen, was wir hoffen.
Golden steh' die Zukunft offen!
Fördern soll es unser Streben,
bannen soll es Not und Beben.

Ich bringe Euch zum neuen Jahr
die allerbesten Wünsche dar
und hoffe, daß es bis zum Ende
Euch lauter gute Tage sende!

Ich wünsch dir so viel gute Zeit,
als Sand im breiten Meere leit.
Es soll dir so viel gut ergehn,
als Sternlein an dem Himmel stehn.
Es soll dich Gott sovielmal segnen,
als Tröpflein in sieben Jahren regnen.

Ich wünsch euch für das nächste Jahr
ein Christkind mit krausem Haar.
Ich wünsch euch ein goldnes Bett
und drumherum viel Rosenstöck
und mittendrin den heiligen Geist,
der euch einmal in den Himmel weist.

Niemand kann es sicher wissen,
was es bringt, das neue Jahr.
Ob wir Not durchmachen müssen,
ob Krankheit droht oder Gefahr.
Entscheidend, wie's für uns wird sein,
ist, was man daraus macht:
Dem Traurigen wird schwer die Pein,
dem Mutigen hilft jederzeit sein Lachen.
Laßt euch von Ahnungen nicht verdrießen,
sondern lieber froh das neue Jahr begrüßen.

Prost Neujahr - rufen wir nun aus.
Das neue Jahr bringt Glück ins Haus!
Was wir im alten falsch getan,
das fangen wir von neuem an
mit Glauben, Lieben, Hoffen.

Wir wünschen dem Herrn einen reichen Tisch,
auf allen vier Enden einen gebratenen Fisch.
Wir wünschen der Frau eine goldene Kron'
und übers Jahr einen jungen Sohn.
Wir wünschen dem Sohn einen weißen Schimmel,
daß er kann reiten bis in den Himmel.
Wir wünschen der Tochter ein goldenes Geschnür
und übers Jahr einen feschen Offizier.
Wir wünschen der Köchin den Besen zur Hand,
daß sie kann kehren die Dielen und Wand.

Ich wünsche dir
hin und wieder eine Stunde,
in der du den Reichtum erkennst,
den dir dein Leben gegeben hat.

Wohlthun sey Dein Januar,
Menschenpflicht Dein Februar,
Hoffnung jener Welt Dein März,
Niemals ein April Dein Herz,
Immer sey Dein Leben May,
Rosig schwimm Dein Jun vorbei,
Kühlend sey Dein Julius,
Dein Augustus Überfluß,
Im September halte ein,
Dein Oktober habe Wein,
Dein November Lebensgluth,
Dann spricht Dein December: Gut!

Ein neues Jahr! Tritt froh hinein
mit aller Welt in Frieden!
Vergiß, wieviel der Plag und Pein
das alte Jahr beschieden.
Du lebst, sei dankbar, froh und klug,
und wenn drei bösen Tagen
ein guter folgt, sei stark genug,
sie alle vier zu tragen.

Vertrau auf Gott und eigne Kraft
und nicht auf fremde Mächte,
wer jeden Tag das Rechte schafft,
der schafft im Jahr das Rechte.
Es frommt nicht, daß du zagst und klagst:
wenn rückwärts ohne Reue
ins alte Jahr du blicken magst,
so sieh' mit Mut ins neue.

Das neue Jahr, es gibt und nimmt,
drum leg in dessen Hände,
der Welt Ziel und Zeit bestimmt,
den Anfang und das Ende.
Trag du mit Freuden deine Last
und laß dich's nicht verdrießen:
Wenn du mit Gott begonnen hast,
kannst du mit Gott beschließen.

Altöttinger Franziskus-Kalender 1937

Im Himmel, im Himmel
ist ein goldener Tisch.
Da sitzen die Engel
bei Fleisch und bei Fisch.
Im Himmel, im Himmel
ist ein goldener Thron.
Gott geb euch, Gott geb euch
den Himmel zum Lohn.

Aus der Schweiz

Wir danken Gott für seine Gnad,
mit der er uns behütet hat,
und bitten, daß er im neuen Jahr
vor allem Leid uns auch bewahr.

Aus Österreich

Er ruft der Sonn und schafft dem Mond,
das Jahr danach zu teilen.
Er schafft es, daß man sicher wohnt
und heißt die Zeiten eilen.
Er ordnet Jahre, Tag und Nacht:
Ach laß uns ihm, dem Gott der Macht,
Ruhm, Preis und Dank erteilen!
Herr, der da ist und der da war,
von dankerfüllten Zungen
sei dir für das verflossene Jahr
ein heilig Lied gesungen
für Leben, Wohlfahrt, Trost und Rat,
die uns durch dich gelungen.
Laß auch dies Jahr gesegnet sein,
das du uns neu gegeben.
Verleih uns Kraft, die Kraft ist dein,
in deiner Furcht zu leben.
Du schützest uns und du vermehrst
der Menschen Glück, wenn sie zuerst
nach deinem Reiche streben.

Christian Fürchtegott Gellert

Nicht vom letzten Schlittengleise
Bis zum neuen Flockentraum
Zähl ich auf der Lebensreise
Den erfüllten Jahresraum.

Nicht vom ersten frischen Singen,
Das im Wald geboren ist,
Bis die Zweige wieder klingen,
Dauert mir die Jahresfrist.

Von der Kelter nicht zur Kelter
Dreht sich mir des Jahres Schwung,
Nein, in Flammen werd' ich älter
Und in Flammen wieder jung.

Von dem ersten Blitze heuer,
Der aus dunkler Wolke sprang,
Bis zu neuem Himmelsfeuer
Rechne ich meinen Jahresgang.

Conrad Ferdinand Meyer

Wie heimlicherweise
ein Englein leise
mit rosigen Füßen
die Erde betritt,
so nahte der Morgen.
Jauchzt ihm, ihr Frommen,
ein heilig Willkommen,
ein heilig Willkommen!
Herz, jauchze du mit!
In ihm sei's begonnen,
der Mond und Sonnen
an blauen Gezelten
des Himmels bewegt.
Du, Vater, du rate!
Lenke du und wende!
Herr, dir in die Hände
sei Anfang und Ende,
sei alles gelegt!

Eduard Mörike

Wird's besser?
Wird's schlimmer?
fragt man alljährlich.
Seien wir ehrlich:
Leben ist immer
lebensgefährlich!

Erich Kästner

Zum neuen Jahr
hab ich der Wünsche eine Schar
und bringe bunt gemischt sie dar,
wie sie der lose Reim gebar.
Ich wünsche dem verliebten Paar
gebahnten Weg zum Traualtar,
dem Kahlkopf reich gelocktes Haar,
dem Pilger, daß er glücklich fahr,
dem Kindlein, daß es Gott bewahr,
Kundschaften fette dem Notar,
dem Trinker Rheinwein alt und klar,
dem Geizhals Tonnen Goldes bar,
ein Landgericht dem Aktuar,
die Bischofsmütze dem Vikar,
der Blinde seh gleich einem Aar.
Kurz, mit dem ersten Januar
verschwinde jegliche Gefahr
vom Erdenrunde ganz und gar,
das gute bleib nur immerdar!
Dies wünsche ich zum neuen Jahr,
und was ich wünsche - werde wahr!

Fliegende Blätter

Nicht durch Zorn, sondern durch Lachen tötet man.
Auf, laßt uns den Geist der Schwere töten!
Friedrich Nietzsche

Am Abend wird man klug
für den vergang'nen Tag,
doch niemals klug genug
für den, der kommen mag.
Friedrich Rückert

Eltern, die ich zärtlich ehre,
mein Herz ist heut voll Dankbarkeit.
Der treue Gott dies Jahr vermehre,
was euch erquickt zu jeder Zeit!
Der Herr, die Quelle aller Freude,
verbleibe euer Trost und Teil;
sein Wort sei eures Herzens Weide
und Jesus das erwünschte Heil.
Ich dank für alle Liebesproben,
für alle Sorgfalt und Geduld,
mein Herz soll alle Güte loben
und trösten sich stets eurer Huld.
Gehorsam, Fleiß und zarte Liebe
verspreche ich auch dieses Jahr.
Der Herr schenk mir nur gute Triebe
und mache all mein Wünschen wahr.
Amen.
Friedrich von Schiller

In des Herzens heilig stille Räume
Mußt du fliehen aus des Lebens Drang:
Freiheit ist nur in dem Reich der Träume,
Und das Schöne blüht nur im Gesang.
Friedrich von Schiller

In der Wünsche Blütenzeit,
wo die Wünsche, gleich Gedanken,
zollfrei sind und ohne Schranken,
hätt ich manchen Wunsch bereit:
Für das Wohl der weiten Welt,
für die groß und kleinen Staaten,
und daß durch der Herrscher Taten
Fried und Eintracht sich erhält.
Segen dann für unsre Stadt,
ihre Schützer und Berater,
jeden Bürger, Hausherrn, Vater,
und wer was zu sagen hat.
Zum Beschlusse möcht ich wohl
einen Wunsch mir selber gönnen.
Da ihn meine Gönner kennen,
schweig ich, guter Hoffnung voll!

Friedrich Wilhelm Riemer

Das alte Jahr vergangen ist,
das neue Jahr beginnt.
Wir danken Gott zu dieser Frist.
Wohl uns, daß wir noch sind!
Wir sehn aufs alte Jahr zurück
und haben neuen Mut:
Ein neues Jahr, ein neues Glück.
Die Zeit ist immer gut.
Ein neues Jahr, ein neues Glück.
Wir ziehen froh hinein.
Und: Vorwärts, vorwärts, nie zurück!
soll unsre Losung sein.

Hoffmann von Fallersleben

Der du die Zeit in Händen hast,
Herr, nimm auch dieses Jahres Last
und wandle sie in Segen.
Nun von dir selbst in Jesu Christ
die Mitte fest gewiesen ist,
führ uns dem Ziel entgegen.

Jochen Klepper

Des Jahres erster Tag
erweckt in meiner Brust ein zärtliches Empfinden,
und heißt, mich ebenfalls, Sie jetzt anzubinden
mit Versen, die vielleicht kein Kenner lesen mag;
indessen hören Sie die schlechten Zeilen an,
indem sie wie mein Wunsch
aus wahrer Liebe fließen:
Der Segen müsse sich heut über Sie ergießen,
der Höchste schütze Sie, wie er es bisher getan.
Er wolle Ihnen stets, was Sie oft wünschten, geben,
und lasse Sie noch oft ein neues Jahr erleben.

Johann Wolfgang von Goethe

Ein guter Vorsatz scheint im Anfang toll...

Johann Wolfgang von Goethe

Gut ist der Vorsatz, aber die Erfüllung schwer.

Johann Wolfgang von Goethe

Das neue Jahr sieht mich freundlich an, und ich lasse das alte mit seinem Sonnenschein und Wolken ruhig hinter mir.

Johann Wolfgang von Goethe

Mit der Freude zieht der Schmerz
traulich durch die Zeiten.
Schwere Stürme, milde Weste,
bange Sorgen, frohe Feste
wandeln sich zur Seiten.

Und wo eine Träne fällt,
blüht auch eine Rose.
Schon gemischt, noch eh wir's bitten,
ist für Throne und für Hütten
Schmerz und Lust im Lose.

War's nicht so im alten Jahr?
Wird's im neuen enden?
Sonnen wallen auf und nieder,
Wolken gehn und kommen wieder,
und kein Wunsch wird's wenden.

Gebe denn, der über uns
wägt mit rechter Waage,
jedem Sinn für seine Freuden,
jedem Mut für seine Leiden
in die neuen Tage.

Jedem auf des Lebens Pfad
einen Freund zur Seite,
ein zufriedenes Gemüte;
und zu stiller Herzensgüte
Hoffnung ins Geleite!

Johann Peter Hebel

Habe ich nicht den Mut, besser zu sein als meine Zeit,
so mag ich zerknirscht das Schimpfen lassen,
denn keine Zeit ist durchaus schlecht.
Joseph von Eichendorff

Im neuen Jahr Glück und Heil,
Auf Weh und Wunden gute Salbe!
Auf groben Klotz ein grober Keil!
Auf einen Schelmen anderthalbe!
Johann Wolfgang von Goethe

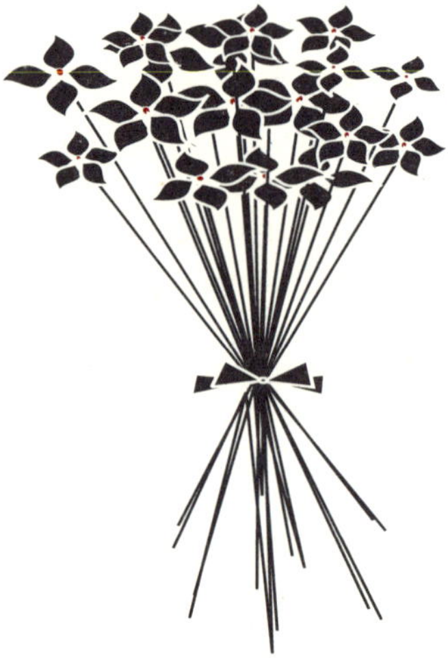

Verrauscht ist nun der bunte Reigen
des Jahreslaufs mit Lust und Leid.
Doch Gottes ewge Sterne steigen
so tröstlich aus der Dunkelheit.
Und freundlich winkt aus blauen Höhen
der Abendstern in milder Pracht.
O Jahre kommen, Jahre gehen:
Der Herr hat alles wohl gemacht!
Karl Gerok

Zum neuen Jahr ein neues Herze,
ein frisches Blatt im Lebensbuch.
Die alte Schuld sei ausgestrichen
und ausgetilgt der alte Fluch.

Zum neuen Jahr ein neues Herze,
ein frisches Blatt im Lebensbuch!
Zum neuen Jahr ein neues Hoffen!
Die Erde wird noch immer wieder grün.
Auch dieser März bringt Lerchenlieder.
Auch dieser Mai bringt Rosen wieder.
Auch dieses Jahr läßt Freuden blühn.
Zum neuen Jahr ein neues Hoffen.
Die Erde wird noch immer grün.

Karl Gerok

Einen vollen Beutel in dem Sack,
Einen guten Knaster von Tabak
Einen vollen Krug mit frischem Bier
Wünsch ich, mein Freund, tagtäglich dir.

Neujahrswunsch aus Südmähren

Wieder hat ein neues Jahr
für uns alle heut begonnen.
Und das alte, nun zerronnen,
Sei bedankt für das, was war.
Freunde gab es uns und Schmerz,
Regentage, Sonnenstunden.
Und - im Geist mit euch verbunden -
ist voll Hoffnung unser Herz.
Auch in Zukunft wollen wir
wie in den vergang'nen Jahren
gute Freundschaft treu bewahren,
denn sie ist das Beste hier!

Renée Christian-Hildebrandt

Es schenke Euch der Januar
und ebenso der Februar
und auch der Frühlingsbote März
Gesundheit und ein frohes Herz!
Dann führen Euch April und Mai
die schönste Frühlingszeit herbei.
Im Juni, Juli und August
erfreuet Euch an Sommerlust.
September- und Oktoberzeit
vergehe Euch in Freudigkeit.
November lasse sich ertragen,
denn mögt Ihr im Dezember sagen
als Lob und Preis des ganzen Jahres:
Gottlob, recht schön und glücklich war es!

Sprichwort

Es kommt das Leid,
Es geht die Freud',
Es kommt die Freud',
Da geht das Leid -
Die Tage sind nimmer dieselben.

Theodor Storm

Gott schicke den Tyrannen Läuse,
den Einsamen Hunde,
den Kindern Schmetterlinge,
den Frauen Nerze,
den Männern Wildschweine,
uns allen aber einen Adler,
der uns auf seinen Fittichen
zu ihm trägt.

Ukrainisches Sprichwort

Und wieder hier draußen ein neues Jahr.
Was werden die Tage bringen?
Wirds werden, wie es immer war,
halb scheitern, halb gelingen?
Wirds fördern das, worauf ich gebaut,
oder vollends es verderben?
Gleichviel, was es im Kessel braut,
oder vollends es verderben?
Gleichviel, was es im Kessel braut,
nur wünsch ich nicht zu sterben.
Ich möchte noch wieder im Vaterland
die Gläser klingen lassen
und wieder noch des Freundes Hand
im Einverständnis fassen.
Ich möchte noch wirken und schaffen und tun
und atmen eine Weile,
denn um im Grabe auszuruhn,
hats nimmer Not und Eile.
Ich möchte leben, bis all dies Glühn
rückläßt einen leuchtenden Funken
und nicht vergeht wie die Flamm im Kamin,
die eben zu Asche gesunken.

Theodor Fontane

Das Jahr ist nun zu Ende,
doch Deine Liebe nicht;
noch segnen Deine Hände,
noch scheint Dein Gnadenlicht.

Du heilest allen Schaden,
hilfst mir aus der Gefahr,
Du siehst mich an in Gnaden,
auch in dem neuen Jahr.

Unbekannt

Ein neues Jahr nimmt seinen Lauf.
Die junge Sonne steigt herauf.
Bald schmilzt der Schnee, bald taut das Eis.
Bald schwillt die Knospe schon am Reis.
Bald werden die Wiesen voll Blumen sein,
die Äcker voll Korn, die Hügel voll Wein.

Volksgut

Das alte Jahr gar schnell entwich.
Es konnt sich kaum gedulden
und ließ mit Freuden hinter sich
den dicken Sack voll Schulden.

Wilhelm Busch

**Geld laßt von
Herzen allen gönnen,
soviel die Esel nur
tragen können.**

Wilhelm Busch

Taufe

Unser Wunsch ist wohl bedacht:
Für das sei immer frei und offen,
was das Leben sinnvoll macht:
Zu lieben, zu glauben, zu hoffen!

Drei Engel mögen dich begleiten
für deine ganze Lebenszeit.
Die Englein, die ich meine,
sind Frohsinn, Glück, Zufriedenheit.

Herr, Gott, schreib in das Buch des Lebens
unsres kleinen Täuflings Namen ein
und laß ihn nicht vergebens
in deinem Namen getaufet sein.

Präge diesem Kinde deine Liebe tief ins Herz,
damit es dich nicht lasse, in Freude und im Schmerz.
Der glücklichen Familie du Weg und Wahrheit bist,
beschütze du sie treulich, o Herr Jesu Christ!

In allen Dingen mit Gott zu handeln,
sei für Deine Seele und Dein Herz Gewinn.
Durch's Leben stets mit Gott zu wandeln,
das gebe Deinem Leben Sinn.
Also wage Dein Leben mit Gott allein,
Dann wird strahlen sein herrlicher Schein,
und jeder Tag in Deinem Leben
wird stehen unter seinem Segen!

Wir bringen ein Kind zur Taufe.
Gott gebe, daß es bald laufe.
Wir wünschen, daß es gedeihe
und nicht zu oft schreie.

Laß uns die Wohltat recht ermessen,
die uns die Taufe zugewandt,
und nie, o Herr, den Bund vergessen,
der uns so fest mit dir verband.
Uns alle stärk' zu neuer Treu',
daß über uns dein Friede sei!

Altes Kirchenlied

Hirte, nimm das Schäflein an,
Haupt, mach es zu deinem Gliede,
Himmelsweg, zeig ihm die Bahn,
Friedefürst, sei du sein Friede,
Weinstock hilf, daß diese Rebe
auch im Glauben dich umgebe ...

Benjamin Schmolck

Glücklicher Säugling! Dir ist ein unendlicher
Raum noch die Wiege;
Werde Mann, und dir wird eng die unendliche Welt.

Friedrich von Schiller

Laßt uns beten
für die Jungen,
die das Leben noch vor sich haben;
daß sie offen und empfänglich
ihrer Zukunft entgegengehen,
daß sie mit Unsicherheiten zu leben wagen
und den Enttäuschungen gewachsen seien,
daß sie sich selbst hinzunehmen lernen
und nicht mutlos werden.

Huub Oosterhuis

Durch die sinnliche Handhabung der Taufe
oder des Händeauflegens gerührt,
gab vielleicht ihr Körper der Seele
eben denjenigen Ton, der nötig ist, um mit
dem Wehen des heiligen Geistes zu sympathisieren,
das uns unaufhörlich umgibt.

Johann Wolfgang von Goethe

Gutes tu rein aus des Guten Liebe!
Das überliefre deinem Blut;
Und wenn's den Kindern nicht verbliebe,
den Enkeln kommt es doch zugut.

Johann Wolfgang von Goethe

Nun schreib ins Buch des Lebens
Herr, ihre Namen ein,
und laß sie nicht vergebens
Dir zugeführet sein.

Auch präge jedem Kinde
Dein Wort recht tief ins Herz,
daß es, bewahrt vor Sünde,
Dir dien' in Freud und Schmerz.

Du, der Du selbst das Leben,
der Weg, die Wahrheit bist,
uns allein sollst Du geben,
Dein Heil, Herr Jesu Christ.
Melchior Vulpius

Wenn alle untreu werden,
so bleib ich Dir doch treu;
Daß Dankbarkeit auf Erden
nicht ausgestorben sei.
Für mich umfing Dich Leiden,
vergingst für mich in Schmerz;
Drum geb ich Dir mit Freuden
auf ewig dieses Herz.
Novalis

Gesegnet
ist der Mensch,
der sich auf Gott verläßt,
dessen Hoffnung auf Gott gründet.
Prophet Jeremia

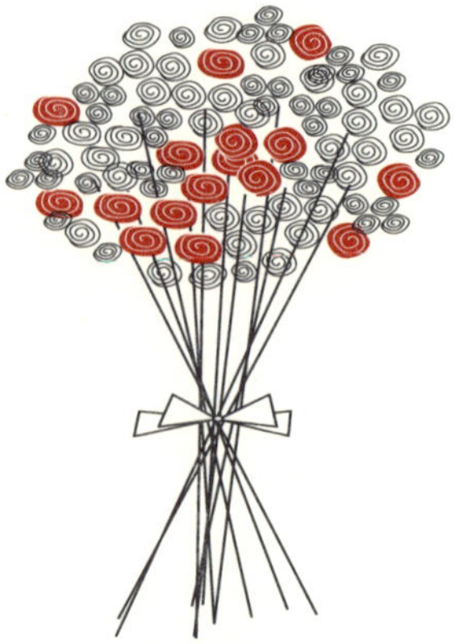

Verlobung

Verlobungszeit ist die schönste Zeit;
Liebe wächst und Gemeinsamkeit.
Wir wünschen, daß Ihr stets findet,
was immer fester Euch zusammenbindet!

Daß nimmer trübe Ungemach,
daß fern euch bleibe Not und Schmach,
daß nie Ihr eine Träne weint,
daß stets in Liebe Ihr vereint,
daß stets Ihr aller Sorgen bar,
das wünsch' ich dem verlobten Paar.

Wenn sich ER und SIE verloben,
verändert sich das ganze Leben.
Denn sie wollen feierlich geloben,
sich als Braut und Bräutigam zu geben.
Wir wünschen, daß dies Liebes-Stuck
bald endet in lebenslangem Glück.

Daß Ihr Euch heut verloben werd't,
das hat uns alle sehr gefreut!
Wir wünschen, daß Euch auf unserer Erd
dieser Entschluß niemals mehr reut
und Eure Liebe sei so fest und tief,
daß sie übersteht jedes Stimmungstief.

Die Lieb' wie's Wetter,
bald stürmisch, bald still;
a Narr, der durchs Bitten
was ausrichten will.

Und d' Lieb' ist a Haus,
da geht d' Freud' ein und aus,
und i woß nit, was s' treibt,
daß s' nit allweil drin bleibt.

Die Liebe ist das einzige Geschenk,
das um so größer wird, je mehr man davon verschenkt.

Du hast nichts verdient,
und du hast nicht Geburtstag,
du hast auch schon alles, was man sich denkt;
und doch hab' ich noch eine kleine Überraschung-
du bekommst heut von mir meine Träume geschenkt.

Gottes Segen soll zu jeder Zeit
dem schenken Frieden und Geborgenheit,
was sich in treuer Liebe findet
und durch Verlobung fester bindet.

Wenn der Wind den Stamm bewegt,
bebt das Blatt am Baume.
Wenn dein Herz nur Liebe trägt,
halte sie im Zaume!

Was die Liebe nicht bindet, das ist schlecht gebunden, und
was die Treue nicht schirmt, das beschirmt kein Eid.
Ernst Moritz Arndt

Wenn zwei Töne sind symphonisch,
klingt's zusammen hell und rein:
Zwei Naturen, die harmonisch,
wirken aufeinander ein.

Chinesische Weisheit

Wenn eines Menschen Seele Du gewonnen
und in sein Herz hast tief hineingeschaut
und ihn befunden eines klaren Bronnen,
in dessen Flut der reine Himmel blau:
Laß Deine Zuversicht durch nichts Dir rauben,
und trage lieber der Enttäuschung Schmerz,
als daß Du grundlos ihm entziehst den Glauben!-
Kein größer Glück als ein vertrauend' Herz.

Felix Dahn

Auf die Hände küßt die Achtung,
Freundschaft auf die offne Stirn,
auf die Wange Wohlgefallen,
sel'ge Liebe auf den Mund.
Aufs geschloßne Aug' die Sehnsucht,
in die hohle Hand Verlangen,
Arm und Nacken die Begierde,
überall sonst hin Raserei!

Franz Grillparzer

Das eben ist der Liebe Zaubermacht,
daß sie veredelt, was ihr Hauch berührt,
der Sonne ähnlich, deren goldner Strahl
Gewitterwolken selbst in Gold verwandelt.

Franz Grillparzer

Selig durch die Liebe
Götter - durch die Liebe
Menschen Göttern gleich!
Liebe macht den Himmel
Himmlischer - die Erde
Zu dem Himmelreich.

Friedrich von Schiller

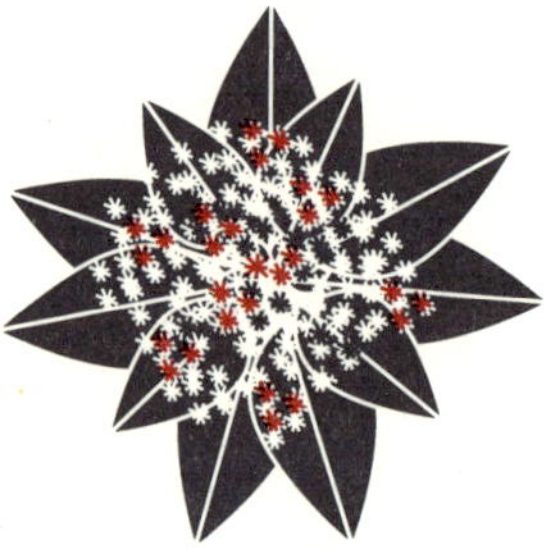

Denn wo das Strenge mit dem Zarten,
wo Starkes sich und Mildes paarten,
da gibt es einen guten Klang.
Drum prüfe, wer sich ewig bindet,
ob sich das Herz zum Herzen findet!
Der Wahn ist kurz, die Reu' ist lang.

Friedrich von Schiller

Gott ist nahe,
wo die Menschen einander Liebe zeigen.

Heinrich Pestalozzi

Sag an, wo wächst der Same
des Krauts "Vergeßlichkeit"?
Er wächst in jenen Herzen,
wo Liebe nicht gedeiht.
Japanische Weisheit

Beglückt, wer Treue rein im Busen trägt,
kein Opfer wird ihn je gereuen!
Johann Wolfgang von Goethe

Dem Schnee, dem Regen,
dem Wind entgegen,
im Dampf der Klüfte,
durch Nebeldüfte.
Immer zu! Immer zu!
Ohne Rast und Ruh'!

Lieber durch Leiden
möcht ich mich schlagen,
als so viel Freuden
des Lebens ertragen.

Alle das Neiden
von Herzen zu Herzen,
ach wie so eigen
schaffet das Schmerzen!

Wie, soll ich fliehen?
Wälderwärts ziehen?
Alles vergebens!
Krone des Lebens,
Glück ohne Ruh',
Liebe bist du!
Johann Wolfgang von Goethe

Freudvoll
und leidvoll,
gedankenvoll sein;
hangen
und bangen
in schwebender Pein;
himmelhochjauchzend,
zu Tode betrübt:
Glücklich allein
ist die Seele, die liebt.

Johann Wolfgang von Goethe

Vertragt euch!
Einer sorge für den andern!
Dies schöne Glück, es raubt uns kein Tyrann;
Der beste Fürst vermag es nicht zu geben.

Wolfgang von Goethe

Wie denn das Gute, Schöne nimmer schwindet
und, immer wirkend, immer sich erhält,
sich ungesäumt zum höchsten Wahren findet,
als lebend zu Lebendigem gesellt;
Und glücklich ist, wer ihnen sich verbindet,
beständig bleibt ihm die bewegte Welt ...

Johann Wolfgang von Goethe

Schläft ein Lied in allen Dingen,
die da träumen fort und fort,
und die Welt hebt an zu singen,
triffst Du nur das Zauberwort.

Joseph von Eichendorff

Das ist schwer: ein Leben zu zwein.
Nur eins ist noch schwerer: einsam sein.

Kurt Tucholsky

Stets die Liebe siegt im Kampfe,
ist fest in der Verteidigung.
Wen der Himmel retten will,
den schützt er durch Liebe.

Laotse

Wonach das Herz verlangt,
gesteht der Mund nicht ein,
jedoch der Liebende errät's auch aus dem Nein.

Molière

Es gibt keinen Fahrstuhl zum Glück.
Man muß die Treppe nehmen.

Phil Bosmans

Magst Du zweifeln, daß die Sterne glühen,
magst Du zweifeln, daß die Sonne sich bewegt,
magst die Wahrheit Du für Lüge halten,
zweifle aber niemals an der Liebe!
Shakespeare

Gott hat das Weib nicht aus des Mannes Kopf geschaffen,
daß sie ihm befehle, noch aus seinen Füßen,
daß sie seine Sklavin sei, sondern aus der Seite,
daß sie seinem Herzen nahe sei.
Talmud

Das Glück, kein Reiter wirds erjagen,
es ist nicht dort und ist nicht hier.
Lern überwinden, lern entsagen,
und ungeahnt erblüht es Dir.
Theodor Fontane

Das ist das Größte, was dem Menschen gegeben ist, daß es
in seiner Macht steht, grenzenlos zu lieben.
Theodor Storm

Liebe - sagt man schön und richtig -
Ist ein Ding, was äußerst wichtig.
Nicht nur zieht man in Betracht,
Was man selber damit macht,
Nein, man ist in solchen Sachen
Auch gespannt, was andre machen.-
Wilhelm Busch

Ratsam ist und bleibt es immer
Für ein junges Frauenzimmer,
Einen Mann sich zu erwählen
Und womöglich zu vermählen.
Erstens: will es so der Brauch.
Zweitens: will man's selber auch.
Drittens: man bedarf der Leitung
Und der männlichen Begleitung;
Weil bekanntlich manche Sachen,
Welche große Freude machen,
Mädchen nicht allein verstehn;
Als da ist: ins Wirtshaus gehn.

Wilhelm Busch

Wer je gelebt in Liebesarmen,
der kann im Leben nie verarmen.

Theodor Storm

Verschiedene Gelegenheiten

Genieße froh des Lebens Freuden,
entbehre gern, was du nicht hast.
Ein jeder Mensch hat seine Leiden,
ein jedes Leben seine Last.

In meinem Garten find ich
Viel Blumen, schön und fein,
Viel Kränze wohl daraus wind ich,
Und tausend Gedanken bind ich
Und Grüße auch darein.

Jeder Mensch hat seine guten Seiten,
man muß nur die schlechten umblättern!

Verlerne nie, so schön zu lachen,
so wie du jetzt lachst, froh und frei.
Denn ein Leben ohne Lachen
ist wie ein Frühling ohne Mai.

Wer nach einer hilfreichen Hand Ausschau halten will,
findet sie am besten am Ende des eigenen Armes.

Fest bewahre dir die Treue,
Lebe, wie's dir Gott gegeben.
Das ist ja die Weisheit eben,
Und das weiß ein jeder Christ,
Bleibe jeder, der er ist.
Liebe, liebliche Natur,
Du verlörest immer nur,
Bleibe du ja, wie du bist.
Adelbert von Chamisso

Seine Freunde zu erobern
ist mehr wert,
als sich seinem Schmerz
zu überlassen.
André Gide

Setze deine Hoffnung auf das Höchste, dort entzündet sich deine Liebe. Von dort erbitte deine Kraft, dort erwarte Lohn. Wenn wir uns gern mühen und freudig unsern Dienst verrichten, dann besitzen wir die Weite.
Augustinus

Wer nach seiner Überzeugung handelt, und sei sie noch so mangelhaft, kann nie ganz zugrunde gehen, wogegen nichts seelentötender wirkt als gegen das innere Rechtsgefühl das äußere Recht in Anspruch zu nehmen.
Annette von Droste-Hülshoff

Die Liebe ist ein Kind der Ewigkeit.
Sie verwischt die Erinnerung an den
Anfang und nimmt die Angst vor demEnde.

Anna Louise Germaine von Staël-Holstein

Die Heiterkeit allein ist gleichsam die
bare Münze des Glücks und nicht, wie
alles andere, bloß der Bankzettel; weil
nur sie unmittelbar in der Gegenwart
beglückt.

Arthur Schopenhauer

So mancher wollt so manches haben,
was es für manchen gar nicht gab:
Er wollt sich schlau ein Schlupfloch graben,
und grub sich nur ein frühes Grab.

Berthold Brecht

Macht's wie Gott,
werdet Mensch!
Bischof Kamphaus

Doch wenn ein Mensch das Gute tut,
dann tu er es auch fort und fort
und finde seine Freude dran:
des Guten Ende ist das Glück.
Buddhistische Weisheit

Hab' Sonne im Herzen,
ob's stürmt oder schneit,
ob der Himmel voll Wolken
oder die Erde voll Streit.
Hab' Sonne im Herzen,
dann komme, was mag,
es leutet voll Licht Dir
der dunkelste Tag.
Cäsar Flaischlen

Gedanken, weisheitsvoll,
wenn ich sie jemals hab!
Sie brachen immer mir
beim Bleistiftspitzen ab!
Carl Spitzweg

Eine verlorne Schlacht läßt sich
durch eine gewonnene wieder ersetzen,
ein verfehltes Werk läßt sich verbessern,
aber eines ist, das sich nicht mehr herstellen läßt,
wenn es einmal abgewiesen worden ist:
die Autorität.
Franz Grillparzer

Bedenke: was der Himmel hat
geordnet, kann der Himmel ändern.
Der Himmel ändert seinen Rat
auch über Königen und Ländern.

Chinesische Weisheit

Wer das Gute, Schöne und Wahre
in seinem Herzen wohl begründet hat,
dem wird es so leicht nicht entrissen werden.

Chinesische Weisheit

Wer das Leben recht erkennt,
wird kein Glück verpassen,
und solang' der Mond ihm glänzt,
nicht den Goldkrug lassen.

Gaben, die der Himmel gab,
muß man recht verwenden,
jedes Goldstück kommt zurück,
das wir so verschwenden.

Chinesische Weisheit

Man kann das Leben
schwerlich zu leicht nehmen,
aber leicht zu schwer.

Curt Goetz

Gelehrt sind wir genug.
Was uns fehlt, ist Freude,
was wir brauchen, ist Hoffnung,
was uns nottut, ist Zuversicht,
und wonach wir schmachten, ist Frohsinn!

Curt Goetz

Der Mensch der nächsten Jahrzehnte
wird eine organisierte Neurose sein.
Egon Friedell

Alles, selbst die Lüge, dient der Wahrheit;
Schatten löschen die Sonne nicht aus.
Franz Kafka

Man hat nur dann ein Herz,
wenn man es hat für andere.
Friedrich Hebbel

Mancher findet nur darum ein Haar in der Suppe,
weil er das eigene Haupt schüttelt, solange er ißt.
Friedrich Hebbel

Jeder hat gerade so viel Eitelkeit,
als es ihm an Verstand fehlt.
Friedrich Nietzsche

Lernen wir besser uns freuen, so verlernen wir am besten,
anderen wehe zu tun.
Friedrich Nietzsche

Der Teufel hat die Welt verlassen, weil er weiß,
die Menschen machen selbst die Höll' einander heiß.

Friedrich Rückert

Nicht wahr ist, was du denkst -
nur was du fühlst, ist wahr;
durchs Denken machst du dir nur das
Gefühlte klar.

Friedrich Rückert

Je mehr man schon weiß, je mehr hat man noch zu lernen. Mit dem Wissen nimmt das Nichtwissen in gleichem Grade zu, oder vielmehr das Wissen des Nichtwissens.

Friedrich Schlegel

Was gute Gesellschaft genannt wird, ist meistens nur ein Mosaik von geschliffenen Karikaturen.

Friedrich Schlegel

Sorge nicht um das, was kommen wird. Weine nicht um das, was vergeht. Aber sorge, dich nicht selbst zu verlieren, und weine, wenn du dahintreibst im Strom der Zeit, ohne den Himmel in dir zu tragen.

Friedrich Schleiermacher

Ein Alter liebt die Taler; ein Junger liebt sie auch;
Nur jener zum Verstecken, und dieser zum Gebrauch.

Friedrich von Logau

Es reden und träumen die Menschen viel
von bessern Tagen;
nach einem glücklichen, goldenen Ziel
sieht man sie rennen und jagen.
Die Welt wird alt und wieder jung,
doch der Mensch hofft immer Verbesserung.
Die Hoffnung führt ihn ins Leben ein.
Sie umflattert den fröhlichen Knaben.
Den Jüngling begeistert ihr Zauberschein.
Sie wird mit dem Greis nicht begraben.
Denn, beschließt er im Grabe den müden Lauf,
noch am Grabe pflanzt er die Hoffnung auf.
Es ist kein leerer, schmeichelnder Wahn,
erzeugt im Gehirne des Toren.
Im Herzen kündet es laut sich an:
zu was Besserm sind wir geboren!
Und was die innere Stimme spricht,
das täuscht die hoffende Seele nicht.

Friedrich von Schiller

Freude heißt die starke Feder
In der ewigen Natur.
Freude, Freude treibt die Räder
In der großen Weltenuhr.
Blumen, lockt sie aus den Keimen,
Sonnen aus dem Firmament,
Sphären rollt sie in den Räumen,
Die des Sehers Rohr nicht kennt.
Froh, wie seine Sonnen fliegen
Durch des Himmels prächt'gen Plan,
Wandelt, Brüder, eure Bahn,
Freudig wie ein Held zum Siegen.

Friedrich von Schiller

Und so finden wir uns wieder
in den heitern bunten Reihn,
und es soll der Kranz der Lieder
frisch und grün geflochten sein.

Friedrich von Schiller

Fehler schließen Vorsatz und Tücke aus;
- daher müssen alle Fehler allen zu verzeihen sein.

Gotthold Ephraim Lessing

Rennt dem scheuen Glücke nach!
Freunde, rennt euch alt und schwach!
Ich nehm teil an eurer Müh:
Die Natur gebietet sie.
Ich, damit ich auch was tu, -
Seh euch in dem Lehnstuhl zu.

Gotthold Ephraim Lessing

Das Leben eines Menschen ist
ein von Gotteshand geschriebenes
Märchen.

Hans Christian Andersen

Glücklich der Mann, der den Hafen erreicht hat,
und hinter sich ließ das Meer und die Stürme,
und jetzt warm und ruhig sitzt
im guten Ratskeller zu Bremen.

Wie doch die Welt so traulich und lieblich
im Römerglas sich widerspiegelt,
und wie der wogende Mikrokosmos
sonnig hinabfließt ins durstige Herz!
Alles erblick ich im Glas,
alte und neue Völkergeschichte,
Türken und Griechen, Hegel und Gans,
Zitronenwälder und Wachtparaden,
Berlin und Schildas und Tunis und Hamburg,
vor allem aber das Bild der Geliebten,
das Engelköpfchen und Rheingoldgrund.
Oh, wie schön! wie schön du bist, Geliebte!

Heinrich Heine

Frauen stünde Gelehrtsein nicht? Die
Wahrheit zu sagen, es steht Männern
so wenig wie Frauen.

Heinrich von Kleist

Der Optimismus ist die Harmonie
zwischen dem Geiste und
dem verheißenden Geiste Gottes.

Helen Keller

Freundschaft ist ein Zustand, der besteht,
wenn jeder Freund glaubt, dem anderen gegenüber
eine leichte Überlegenheit zu haben.

Honoré de Balzac

Genieß die Gegenwart mit frohem Sinn,
sorglos, was dir die Zukunft bringen werde;
doch nimm auch bittern Kelch mit Lächeln hin, -
vollkommen ist kein Glück auf dieser Erde.

Horaz

Wir haben ein Ziel,
das voraus liegt,
wir spielen uns ein
auf deine Zukunft,
sagen und singen:
Alles ist gut,
was du gemacht hast.
Mühselig, langsam,
in Hoffnung und Furcht
gestalten wir deine Verheißung aus,
bauen wir
an der Stadt des Friedens,
an der neuen Schöpfung,
wo du uns Licht bist,
alles in allem.

Gib uns Kraft dazu,
bring uns an ein
glückliches Ende,
Gott.

Huub Oosterhuis

Reich oder arm -
das Schicksal findet
bei jedem
das Fleck'l heraus,
wo er
kitzlig ist.

Johann Nepomuk Nestroy

Wem Ewigkeit wie Zeit
und Zeit wie Ewigkeit,
der ist befreit von allem Streit.
Jakob Böhme

Heiterkeit und Freudigkeit ist der Himmel,
unter dem alles gedeiht.
Jean Paul

Gegen das Fehlschlagen eines Planes
gibt es keinen besseren Trost,
als auf der Stelle einen neuen zu machen
oder bereitzuhalten.
Jean Paul

Tapfer ist der Löwensieger,
tapfer ist der Weltbezwinger,
tapfrer, wer sich selbst bezwang.
Johann Gottfried Herder

Das Tüchtige, und wenn auch falsch,
wirkt Tag für Tag, von Haus zu Haus;
Das Tüchtige, wenns wahrhaft ist,
wirkt über alle Zeiten hinaus.
Johann Wolfgang von Goethe

Der lebendig begabte Geist,
sich in praktischer Absicht ans Allernächste haltend,
ist das Vorzüglichste auf Erden.
Johann Wolfgang von Goethe

Die Menschen sind, trotz all ihren Mängeln,
das Liebenswürdigste, was es gibt.
Johann Wolfgang von Goethe

Hast du einmal das Rechte getan,
und sieht ein Feind nur Scheeles daran,
so wird er gelegentlich, spät oder früh,
dasselbe tun, er weiß nicht wie.
Johann Wolfgang von Goethe

Ich liebe mir den heitern Mann
am meisten unter meinen Gästen:
Wer sich nicht selbst zum besten haben kann,
der ist gewiß nicht von den Besten.
Johann Wolfgang von Goethe

Laßt mir die jungen Leute nur
und ergötzt euch an ihren Gaben!
Es will doch Großmama Natur
manchmal einen närrischen Einfall haben.
Johann Wolfgang von Goethe

Tages Arbeit! Abends Gäste!
Saure Wochen! Frohe Feste!
Sei dein künftig Zauberwort.
Johann Wolfgang von Goethe

Von Jahren zu Jahren
muß man viel Fremdes erfahren.
Du trachte, wie du lebst und leibst,
daß du immer derselbe bleibst.
Johann Wolfgang von Goethe

Wenn ich von etwas Gutem überzeugt bin,
was geschehen könnte und sollte,
so habe ich keine Ruhe,
bis ich es getan sehe.
Johann Wolfgang von Goethe

Wie selten, daß uns die reine Tugend
irgend eines Menschen erscheint,
der wirklich für andere zu leben,
für andere sich aufzuopfern getrieben wird.
Johann Wolfgang von Goethe

Willst du immer weiter schweifen?
Sieh, das Gute liegt so nah.
Lerne nur das Glück ergreifen,
denn das Glück ist immer da.
Johann Wolfgang von Goethe

Wo guter Wille, kräftig durch Verstand,
und Tätigkeit, vielfältige, zur Hand?
Was könnte da zum Unheil sich vereinen,
zur Finsternis, wo solche Sterne scheinen?
Johann Wolfgang von Goethe

Laß dich durch das Zukünftige nicht
anfechten! Du wirst, wenn es nötig ist,
schon hinkommen, getragen von
derselben Geisteskraft, die dich das
Gegenwärtige beherrschen läßt.
Marc Aurel

Der Edle hat, was er sucht, in sich selbst;
der Alltagsmensch sucht es in anderen.
Konfuzius

Der Mensch lebt durch Geradheit.
Ohne sie lebt er von glücklichen Zufällen und Ausweichen.
Konfuzius

Alles Wahre ist so einfach,
daß es eigentlich nur ein Dummkopf verstehen kann.
Darum haben es ja die klugen Köpfe so schwer.

Karl Heinrich Waggerl

Des Lebens Kunst ist leicht zu lernen und zu lehren;
du mußt vom Schicksal nie zu viel begehren;
der, welchem ein bescheidnes Los genügt,
hat einen Schatz, der nie versiegt.
Dem Unersättlichen in jeglichem Genuß,
wird selbst das Glück zum Überdruß.

Ludwig Bechstein

Ein Kompromiß, das ist die Kunst,
einen Kuchen so zu teilen, daß jeder meint,
er habe das größte Stück bekommen

Ludwig Erhard

Doch, was alle Freundschaft bindet,
ist, wenn Geist zu Geist sich findet.

Ludwig Uhland

Der Gescheitere gibt nach!
Eine traurige Wahrheit; sie begründet
die Weltherrschaft der Dummheit.

Marie von Ebner-Eschenbach

Viktoria! Viktoria!
Der kleine, weiße Zahn ist da.
Du, Mutter! komm, und groß und klein
im Hause! Kommt und guckt hinein
und seht den hellen weißen Schein.

Matthias Claudius

Gewiß, Gebote gibt's, die uns, so scheint es, binden;
doch weiß ein kluger Kopf sich damit abzufinden.
Sehr dehnbar ist zum Glück das menschliche Gewissen,
drum findet sich auch stets ein Weg zu Kompromissen.

Molière

Es ist halt schön,
wenn wir die Freunde kommen sehen,
schön ist es ferner, wenn sie bleiben
und sich mit uns die Zeit vertreiben,
wenn sie dann schließlich wieder gehn,
freuen wir uns aufs Wiedersehen.

Wilhelm Busch

Der Reichtum besteht nicht im Besitz
von Schätzen, sondern in der
Anwendung, die man von ihnen zu
machen versteht.

Napoleon I.

Für das, was uns am höchsten steht,
für das, was uns am nächsten geht,
ward uns kein Lied zu eigen.
Da hat man nur ein fromm Gebet
und - Schweigen.

Peter Rosegger

Kraft ist die Materie der Stoffe.
Seele ist die Kraft der Kräfte.
Geist ist die Seele der Seelen.
Gott ist der Geist der Geister.

Novalis

Überall herrscht der Zufall.
Laß deine Angel nur hängen;
wo Du's am wenigsten glaubst,
sitzet im Strudel der Fisch.

Ovid

Die gefährlichsten Herzkrankheiten sind immer noch:
Haß, Neid und Geiz.

Pearl S. Buck

Wenn Menschen Glück kaufen könnten,
so würden sie es bestimmt eine Nummer
zu groß wählen.

Pearl S. Buck

Schlag Kummer dir aus dem Sinn
und halte dir Übles vom Leib!

Prediger 11,10

Wer sich und andere der Musik öffnet,
befindet sich auf den "Spuren der Engel".

Ralf Sauer

Das, was uns antastet und angreift, ist unser Heil; es
bewahrt uns vor Erstarrung.

Ricarda Huch

Glücklich sind die Menschen,
wenn sie haben, was gut für sie ist.
Sokrates

Ein fröhlich Herz tut auch dem Körper gut;
den Leib dörrt aus ein kummervoll Gemüt.
Sprüche 17,22

Alles Alte, soweit es Anspruch darauf
hat, wollen wir lieben. Aber für das
Neue sollen wir recht eigentlich leben.
Theodor Fontane

Es kann die Ehre dieser Welt
dir keine Ehre geben;
was dich in Wahrheit hebt und hält,
muß in dir selber leben.
Theodor Fontane

Leicht zu Leben ohne Leichtsinn,
heiter zu sein ohne Ausgelassenheit,
Mut zu haben ohne Übermut -
das ist Kunst des Lebens.
Theodor Fontane

Nicht Glückes bar sind deine Lenze,
du forderst nur des Glücks zuviel;
gib dienem Wunsche Maß und Grenze,
und dir entgegen kommt das Ziel.
Theodor Fontane

Sei heiter!
Es ist gescheiter
als alles Gegrübel.
Gott hilft weiter:
Zur Himmelsleiter
werden die Übel.
Theodor Fontane

Herr, schenke mir Sinn für Humor,
gib mir die Gnade, einen Scherz zu verstehen,
damit ich ein wenig Glück kenne im Leben
und anderen davon mitteile.
Thomas Morus

Hohe Gedanken entspringen der Tiefe des Herzens.
Weisheit aus China

Im Grunde sind es immer die Verbindungen
mit Menschen, die dem Leben seinen Wert geben.
Wilhelm von Humboldt

Die Selbstkritik hat viel für sich.
Gesetzt den Fall, ich tadle mich,
so hab ich erstens den Gewinn,
daß ich so hübsch bescheiden bin;
zum Zweiten denken sich die Leut',
der Mann ist lauter Redlichkeit;
auch schnapp ich drittens diesen Bissen
vorweg den andern Kritiküssen;
und viertens hoff ich außerdem
auf Wiederspruch, der mir genehm.
So kommt es denn zuletzt heraus,
daß ich ein ganz famoses Haus.

Wilhelm Busch

Mit Recht erscheint uns das Klavier,
wenn's schön poliert, als Zimmerzier.
Ob's außerdem Genuß verschafft,
bleibt hin und wieder zweifelhaft.

Wilhelm Busch

Wenn andre klüger sind als wir,
das macht uns selten nur Pläsier,
doch die Gewißheit, daß sie dümmer,
erfreut fast immer.

Wilhelm Busch

Willst du das Leben recht verstehn,
mußt du's nicht nur von vorn besehn.
Von vorn betrachtet, sieht ein Haus
meist besser als von hinten aus.

Wilhelm Busch

Mir steht das Motto aus dem Sophokles
über meinem ganzen Lebenswerk.
Nicht mitzuhassen, sondern mitzulieben bin ich da.

Wilhelm Raabe

Man kann sehr vielen und großen Kummer haben
und sich doch dabei nicht unglücklich fühlen,
vielmehr in diesem Kummer eine so erhebende
Nahrung des Geistes und des Gemüts finden,
daß man diese Empfindung
mit keiner anderen vertauschen möchte.

Wilhelm von Humboldt

Wie wenig ist am Ende der
Lebensbahn daran gelegen, was wir
erlebten, und wie unendlich viel,
was wir daraus machten.

Wilhelm von Humboldt

Weihnachten und Ostern

O jauchze, Welt, du hast ihn wieder,
sein Himmel hielt ihn nicht zurück!
O jauchzet, singet Lieder!
Was dunkelst du, mein sel'ger Blick?

Es ist zu viel, man kann nur weinen,
die Freude steht wie Kummer da;
wer kann so großer Lust sich einen,
der all so große Trauer sah?

Unendlich Heil hab' ich erfahren
durch ein Geheimnis voller Schmerz,
wie es kein Menschensinn bewahren,
empfinden kann kein Menschenherz.

Vom Grabe ist mein Herr entstanden
und grüßet alle, die da sein;
und wir sind frei von Tod und Banden
und von der Sünde Moder rein.

Den eignen Leib hat er zerrissen,
zu waschen uns mit seinem Blut;
Wer kann um dies Geheimnis wissen
und schmelzen nicht in Liebesglut?

Annette von Droste-Hülshoff

Alles Gute, nur das Beste
wünschen wir zum hohen Osterfeste!
Es soll euch vor allen Dingen
Freude und Entspannung bringen!

Ach, könnte nur dein Herz zu einer Krippe werden;
Gott würde noch einmal ein Kind auf dieser Erden.

Angelus Silesius

Die Sonne geht im Osten auf,
der Osterhas' beginnt den Lauf.
Um seinen Korb voll Eier sitzen
drei Häslein, die die Ohren spitzen.
Der Osterhas' bringt just ein Ei -
da fliegt ein Schmetterling herbei.
Dahinter strahlt das blaue Meer
mit Sandstrand vorne und umher.
Der Osterhas' ist eben fertig -
das Kurtchen auch schon gegenwärtig!
Nesthäckchen findet-eins, zwei, drei,
ein rot, ein blau, ein lila Ei.
Ein Ei in jedem Blumenkelche!
Seht, seht, selbst hier, selbst dort sind welche!
Ermüdet leicht, im Morgenschein
schlief Kurtchen auf der Wiese ein.
Die Glocken läuten bim, bam, baum,
und Kurtchen lächelt zart im Traum.
Di di didl dum dei,
wir tanzen mit unsern Hasen,
umgefaßt, zwei und zwei,
auf schönem, grünen, Rasen.

Christian Morgenstern

Alle Tore stehen offen
heut der Freude. Laßt sie ein!
Möge euer Streben, Hoffen
immerdar gesegnet sein!
Mögen nicht nur Weihnachtskerzen
hell erleuchten euren Pfad.
Glücklich seien eure Herzen!
Das ist es, was ich für euch erbat.

Leise zieht durch mein Gemüt
liebliches Geläute.
Klingle, kleines Frühlingslied,
kling hinaus ins Weite!
Kling hinaus bis an das Haus,
wo die Blumen sprießen.
Wenn du eine Rose schaust,
sag, ich laß sie grüßen.

Heinrich Heine

Nach diesen trüben Tagen,
wie ist so hell das Feld!
Zerrissene Wolken tragen
die Trauer aus der Welt.
Und Keim und Knospe mühen
sich an das Licht hervor,
und manche Blumen blühen
zum Himmel still empor.
Ja auch sogar die Eichen
und Reben werden grün.
O Herz, das sei dein Zeichen:
Herz, werde froh und kühn!

Hoffmann von Fallersleben

Herr, unser Gott,
wir feiern die Geburt des Lichtes,
Jesu, deines Sohnes, unseres Herrn.
Wir bitten dich,
daß wir wiedererkennen in ihm
deine Güte und Gnade
und daß seine Gestalt
ins volle Licht treten möge
jetzt und alle Tage.

Huub Oosterhuis

Der Du von den Himmeln bist,
alles Leid auf Erden stillest,
den, der doppelt elend ist,
doppelt mit Erquickung füllest;
ach, ich bin des Treibens müde!
Was soll all der Schmerz, die Lust?
Süßer Friede,
komm, ach komm in meine Brust!

Johann Wolfgang von Goethe

Die Sakramente sind das Höchste der Religion,
das sinnliche Symbol einer außerordentlichen
göttlichen Gunst und Gnade.

Johann Wolfgang von Goethe

Das ist der Tag, an dem uns Gottes Liebe
erscheint in einem kleinen Kind.
Das ist der Tag, an dem für unsre Erde
die neue Zeit beginnt.

Johannes Jourdan

Christkind ist da,
sangen die Engel im Kreise
über die Krippe
immerzu.
Der Esel sagte leise:
I - a
und der Ochse Muh.
Der Herr der Welten
ließ alles gelten.
Es dürfen auch nahen
ich und du.

Josef Guggenmoos

Güte in den Worten
erzeugt Vertrauen.
Güte beim Denken
erzeugt Tiefe.
Güte beim Verschenken
erzeugt Liebe.

Laotse

Wir stolzen Menschenkinder
sind eitel arme Sünder
und wissen gar nicht viel.
Wir spinnen Luftgespinste
und suchen viele Künste
und kommen weiter von dem Ziel.
Gott, laß uns dein Heil schauen,
auf nichts Vergänglich's trauen,
nicht Eitelkeit uns freu'n!
Laß uns einfältig werden
und vor Dir hier auf Erden
wie Kinder fromm und fröhlich sein.

Matthias Claudius

Der linden Lüfte sind erwacht,
sie säuseln und weben an allen Enden.
O frischer Duft, o neuer Klang!
Nun, armes Herze, sei nicht bang!
Nun muß sich alles, alles wenden.
Die Welt wird schöner mit jedem Tag.
Man weiß nicht, was noch kommen mag.
Das Blühen will nicht enden.
Es blüht das fernste, tiefste Tal.
Nun, armes Herz, vergiß die Qual!
Nun muß sich alles, alles wenden.

Ludwig Uhland

Saatengrün, Veilchenduft,
Lerchenwirbel, Amselschlag,
Sonnenregen, linde Luft!
Wenn ich solche Worte singe,
braucht es dann noch großer Dinge,
dich zu preisen, Frühlingstag?

Ludwig Uhland

Es treibt der Wind im Winterwalde
die Flockenherde wie ein Hirt,
und manche Tanne ahnt, wie balde
sie fromm und lichterheilig wird.
Und lauscht hinaus. Den weißen Wegen
streckt sie die Zweige hin - bereit,
und wehrt dem Wind und wächst entgegen
der einen Nacht der Herrlichkeit.

Rainer Maria Rilke

Scheidung

Wer einsam ist, der hat es gut,
weil keiner da, der ihm was tut.
Ihn stört in seinem Lustrevier
kein Tier, kein Mensch und kein Klavier,
und niemand gibt ihm weise Lehren,
die gut gemeint und bös zu hören.
Der Welt entronnen, geht er still
in Filzpantoffeln, wann er will.
Sogar im Schlafrock wandelt er
bequem den ganzen Tag umher.
Er kennt kein weibliches Verbot,
drum raucht und dampft er wie ein Schlot.
Geschützt vor fremden Späherblicken,
kann er sich selbst die Hose flicken.
Liebt er Musik, so darf er flöten,
um angenehm die Zeit zu töten,
und laut und kräftig darf er prusten,
und ohne Rücksicht darf er husten,
und allgemach vergißt man seiner.
Nur allerhöchstens fragt mal einer:
Was, lebt er noch? Ei schwerenot,
ich dachte längst, er wäre tot.
Kurz, abgesehn vom Steuerzahlen,
läßt sich das Glück nicht schöner malen.
Worauf denn auch der Satz beruht:
Wer einsam ist, der hat es gut.

Wilhelm Busch

Kleine Kochschule

für wortgewandte Feinschmecker oder:
praktische Hilfe für Hobbydichter.
Von Susanne Miska

Nachdem das Kochbuch man studiert
und alles gründlich umgerührt,
entsteht - glaubt es mir oder nicht -
schon bald ein köstliches Gericht.

Auch Verse gehn leicht von der Hand,
ist nur erst das Rezept bekannt.
Probier es aus und Du wirst sehn,
es wird so leicht wie's Kochen gehn.

Und bald sind's nicht nur köstliche Gerichte,
Du zauberst auch bezaubernde Gedichte.

Der Appetit, sagt man, kommt beim Essen.

Stellen Sie sich vor, Sie genießen in einem Restaurant oder als Gast bei Freunden ein köstliches Menü. Die Vorspeise, das Hauptgericht, die verschiedenen Beilagen, der Wein - alles paßt einfach wunderbar zusammen. Ein feines Dessert, Kaffe und Weinbrand bilden den perfekten Abschluß dieses kulinarischen Genusses.
Vielleicht geht es Ihnen jetzt so wie mir: Dieses "Gedicht von einem Gericht" hat Sie inspiriert. Sie würden sich eigentlich auch gern mal an so eine Kreation wagen und damit sich und anderen eine Freude machen. Aber schon überlegen Sie zweifelnd, daß das ja eigentlich viel zu schwierig für Sie ist. "Gar nicht so wild" sagt der Koch/die Köchin, wo Sie, nach gebührendem Lob, zaghaft wegen des Rezeptes vorstellig geworden sind. Und stolz ob des eigenen Erfolges gibt man Ihnen bereitwillig Auskunft. "Also, man nehme ... "

Nein, nein, Sie haben nicht aus Versehen Großmutters Kochbuch mit dem Gedichtband verwechselt. Sie halten tatsächlich eine Sammlung mit Versen, Gedichten und Sinnsprüchen aus aller Welt in der Hand.

Und doch haben die beiden eine ganze Menge gemein.

Es gibt viele Gelegenheiten für ein gutes Essen: alle Arten von Festen und Feierlichkeiten, eine erfolgreich abgelegte Prüfung, ein Jubiläum oder ein errungener Sieg. Man kann jemandem aber auch ganz einfach auf diese Weise eine Freude machen oder sich bedanken.

Alle diese Ereignisse und noch unzählige mehr sind aber auch immer Anlaß für ein paar passende Verse oder ein gelungenes Gedicht. Egal ob es sich dabei um ein paar liebe Worte zum Valentinstag handelt, oder um einen witzig-spritzigen Vers für eine Hochzeitszeitung, ein Kindergedicht zum Muttertag oder gereimte Glückwünsche zu Omas 80.

In diesem Buch finden Sie in 25 Kapiteln viele hundert Verse und Spruchweisheiten für jede Gelegenheit. Sie stammen von den großen Dichtern und Denkern, von Goethe und Shakespeare, von Konfuzius und dem weisen Salomon, von Albert Einstein und Pythagoras. Es sind aber auch ganz einfache Volksweisheiten darunter.

Gehören Sie zu denjenigen, die sich nicht so sehr "von der Muse geküßt" fühlen, denen schon beim Aufsagen eines Gedichtes nicht wohl ist? Würden Sie am liebsten das Weite suchen, wenn Sie z.B. um einen Spruch für's Gästebuch gebeten werden? Kein Grund zur Flucht. Leihen Sie sich doch einfach ab und zu einmal einen Vers.
Oder geht es Ihnen mit schönen Gedichten so wie mit den eingangs erwähnten köstlichen Gerichten? Haben Sie Lust, es selbst einmal zu versuchen?

Mit dem Dichten ist es wie mit dem Kochen. Wenn Sie nicht gleich einen Hummer Termidor kreieren oder der neue Shakespeare werden wollen, dann ist beides leicht erlernbar. Es gilt lediglich einige Grundregeln zu beachten. Auf den folgenden Seiten finden deshalb alle Hobbydichter und solche, die es noch werden wollen, ihr "Rezept für selbstgemachte Verse".

Schmankerl in Vers und Reim

Rezept für beliebig viele Personen und Gelgenheiten

Man nehme...
... den richtigen Reim

Wenn hierzulande von Reim die Rede ist, meinen wir damit fast immer den sogenannten Endreim.

Dabei müssen zwei Worte, die jeweils am Ende einer Zeile stehen, vom letzten betonten Selbstlaut an gleich klingen. So wie Mappe/Kappe, Blatt/glatt oder Gebrechen/bestechen. Eine solche Zeile nennt man Verszeile.

Die Schreibweise der Reimwörter darf ruhig verschieden sein. Wichtig ist, daß der Klang übereinstimmt.

Neckst immer noch den Onkel, schreckst die Tante,
die beide doch so brave Anverwandte.
Wilhelm Busch

Nein, nein, ich lasse das nicht gelten:
es gäbe nichts zu lachen mehr,
in dieser herrlichsten der Welten
sei es nur hoffnungslos und leer.
Robert T. Odeman

Solche harmonischen Reime, die einfach “passen”, sind “reine Reime”.

Sie erfreuen sich größter Beliebtheit und sind der Traum vieler Hobbydichter.

Aber Vorsicht!
Da es sie nur in begrenzter Zahl gibt, greift man immer wieder leicht zu Kombinationen wie Herz/Schmerz, Kuß/Schluß, die inzwischen wirklich reichlich abgedroschen klingen.

Manchmal wird auch “gemogelt”!

Wenn Sie bei der Jagd auf den passenden Reim Wörter zusammenbringen, die nicht exakt gleich lauten, aber doch wenigstens ähnlich klingen , dann spricht man von einem “unreinen Reim”. Diese sind zwar auch als Reime anerkannt, sind aber nicht so schön glatt und gefällig.
Es gibt verschiedene Arten von “unreinen” oder auch “inkorrekten” Reimen. Die Gedichte von Wilhelm Busch sind eine wahre Fundgrube dafür.

So stellt er zum Beispiel Reimwörtern mit Selbstlaut solche mit Umlaut gegenüber:

Und hörst du, sei fein hübsch manierlich,
Und zeige dich nicht ungebührlich.

Doch geht's nicht so, wie er wohl möcht.
Denn die Geschichte will nicht recht.

Oder er kombiniert verschieden klingende Umlaute:

Alltagsröcke, Sonntagsröcke,
lange Hosen, spitze Fräcke

Auch wenn die Mitlaute in den reimenden Wortteilen nicht übereinstimmen, ist der Reim nicht korrekt:

Oh sieh - Im sel'gen Nachtgewande
Erscheint die jüngst verstorb'ne Tante

Ebensowenig, wenn die Selbstlaute unterschiedlich lang ausgesprochen werden.

Auch wenn Dichter wie Wilhelm Busch oder sogar die ganz Großen wie Goethe und Eichendorff Wörter wie Winter/Kinder oder Lande/spannte reimten, wollen wir Hobbypoeten doch erst einmal versuchen, korrekte Reime zu basteln. Wenn wir unsere ersten Gaumen-Leckereien zubereiten, halten wir uns ja auch streng an das Rezept.
Ein Sternekoch wie Paul Bocuse darf natürlich alles Mögliche zusammen in einen Topf werfen, aber ob das dann auch wirklich immer ein gelungener Genuß ist, sei dahingestellt...

Genau nach Rezept vorzugehen heißt aber nicht, daß es unserem Gedicht an Raffinesse mangeln muß.

... jetzt verbinde man zwei oder mehrere Verszeilen miteinander zu einer Strophe ...

Je nach Anzahl der Verszeilen heißen solche Strophen:

couplet oder auch Reimpaarvers (zwei Zeilen, die sich paarig reimen)

Terzett oder Terzine	(drei Verszeilen)
Quartett	(vier Verszeilen)
Sechstett	(sechs Verszeilen)
Oktett oder Stanze	(acht Verszeilen)

Ihre Würze erhalten die Strophen durch die vielfältigen Variationsmöglichkeiten der Reime:

Der Paarreim ist zweifellos die einfachste und beliebteste Reimkombination. Hier reimen sich immer zwei unmittelbar aufeinanderfolgende Zeilen nach dem Schema aa bb cc

Ein Mensch kocht Tee und richtet Kuchen: a
ein holdes Weib wird ihn besuchen - a
der Kenner weiß, was das bedeutet! b
Ha, sie ist da: es hat geläutet. b
Doch weh! Hereintritt sonngebräunt c
und kreuzfidel ein alter Freund. c
Eugen Roth

Auch nicht so schwierig und ebenfalls sehr beliebt ist der Kreuzreim , wo sich bei vier Zeilen jeweils die erste und die dritte und die zweite und vierte Zeile reimen. Also a b a b.

Zum Werke, das wir ernst bereiten, a
Geziemt sich wohl ein ernstes Wort, b
Wenn gute Reden sie begleiten, a
Dann fließt die Arbeit munter fort. b
Friedrich von Schiller

Für den verschränkten Reim brauchen wir ebenfalls mindestens vier Verszeilen. Hier reimt sich jeweils die erste mit der vierten und die zweite mit der dritten Zeile, nach dem Muster a b b a.

Wenn der Schnee ans Fenster fällt, a
lang die Abendglocke läutet, b
vielen ist der Tisch bereitet b
und das Haus ist wohl bestellt. a

Georg Trakl

Der Schweifreim erstreckt sich über sechs Verszeilen. Das Reimschema sieht dann so aus: a a b c c b. Bei genauerem Hinsehen entpuppt sich dieses Muster als eine Kombination aus Paarreim und verschränktem Reim.

Der Mond ist aufgegangen, a
die goldnen Sternlein prangen a
am Himmel hell und klar. b
Der Wald steht schwarz und schweiget, c
und aus den Wiesen steiget c
der weiße Nebel wunderbar. b

Der Kombinationsmöglichkeiten sind kaum Grenzen gesetzt, aber für unsere "selbstgemachten Gedichte" bilden diese vier eine ganz gute Grundlage.
Für alle die, die trotzdem schon mal einen Blick in Töpfe der poetischen "grande cuisine" werfen möchten, seien an dieser Stelle noch einige exotischere Reimspielarten erwähnt:

Anfangsreim: Nicht die letzten, sondern jeweils die ersten Wörter einer Zeile klingen gleich.

Binnenreim: Die Wörter reimen sich innerhalb jeder Zeile.

Stabreim (Alliteration): Mehrere betonte Silben beginnen mit dem gleichen Laut.

Darüber hinaus gibt es noch ca. 40 weitere verschiedene Reimarten, aber das ist dann wirklich etwas für die Profis.

Nun ist noch lange nicht alles, was sich reimt auch schon ein Vers, geschweige denn ein Gedicht.

...dazu benötigt man des weiteren...

... das richtige Versmaß.

So nennen wir die besondere rhythmische Gestaltung, die eine Gedichtzeile erst zu einer wirklichen Verszeile macht. Dieser Rhythmus entsteht - wie in der Musik - durch die regelmäßige Abfolge von betonten und nichtbetonten Silben, von laut und leise, lang und kurz, langsam und schnell. Wenn wir etwas betonen wollen, heben wir die Stimme leicht an, während wir sie bei Nichtbetonung senken. Deshalb heißen die betonten Silben Hebungen, die unbetonten Senkungen.

Bei dem Wort Japan zum Beispiel heben wir die Stimme bei der ersten Silbe. Die Engländer allerdings betonen bei demselben Wort die zweite Silbe. Damit nun jeder erkennen kann, was wann wie betont oder nicht betont wird, nimmt man Zeichen zu Hilfe.

Eine betonte Hebung wird so markiert: /
Eine unbetonte Senkung wird so gekennzeichnet: æ
Unser Japan müßte also wie folgt dargestellt werden: / æ
Die englische Version hingegen müßte so aussehen: æ /

Eine Hebung und eine Senkung bilden zusammen die kleinste rhythmische Einheit innerhalb eines Verses - den Versfuß.

Da der richtige Umgang mit den Versfüßen über die klangliche Qualität eines Verses entscheidet, hier die vier wichtigsten Versfüße:

Zweisilbige Versfüße:

Jambus: æ /

Auf eine Senkung folgt jeweils eine Hebung.

Die Amseln frieren. Und die Krähen darben.
æ / æ / æ / æ / æ / æ

So ein Vers kann mit einer unbetonten, aber auch mit einer betonten Silbe abschließen.

In München steht ein Hofbräuhaus
æ / æ / æ / æ /
Trochäus: / æ

Auf eine Hebung folgt eine Senkung (Umkehrung des Jambus).

Witwe Bolte in der Kammer
/ æ / æ / æ / æ

Auch hier kann die Verszeile unbetont oder betont enden.

Ach, was war das für ein Graus
/ æ / æ / æ /

Dreisilbige Versfüße:

Daktylus: / æ æ

Auf eine Hebung folgen jeweils zwei Senkungen.

All meine Träume die sind nun zuende
/ æ æ / æ æ / æ æ / æ

Und die Variante mit betonter Endsilbe:

Psalter und Harfe wacht auf
/ æ æ / æ æ /

Anapäst: æ æ /

auf zwei Senkungen folgt jeweils eine Hebung (Umkehrung des Daktylus).

Kater Klaus holt 'ne Maus aus dem Haus
æ æ / æ æ / æ æ /

Das geht auch mit unbetontem Ende:

Wenn der Mops mit der Wurst über'n Spucknapf springt
æ æ / æ æ / æ æ / æ æ

Nun gebe man - je nach Geschmack - einen Versfuß nach Wahl drei bis fünfmal in eine Gedichtzeile...

Art und Anzahl des Versfußes pro Zeile ergeben dann eben jenes anfangs erwähnte Versmaß (lat. Metrum), das Ihrem Gedicht seinen besonderen rhythmischen und melodischen Klang gibt.

Je nach Anzahl der aufeinanderfolgenden Versfüße nennt man so einen Vers dann:

Trimeter:	3-füßig, bzw. 3-hebig
Tetrameter:	4-füßig, bzw. 4-hebig
Pentameter:	5-füßig, bzw. 5-hebig
Hexameter:	6-füßig, bzw. 6-hebig

Das Versmaß ist für Ihr Gedicht wie das "Salz an der Suppe". Deshalb gilt: Vorsichtig dosieren! Würzen Sie Ihre Verse nicht mit mehr als fünf Hebungen pro Zeile, aber weniger als drei sollten es auch nicht sein.
Der Koch schmeckt ab, wenn er wissen möchte, ob zuviel oder zuwenig Gewürz an seinem Gericht ist. Für Hobbydichter heißt das: Immer mal wieder die Verse laut vorsagen. Dann merken Sie schon von selbst, ob sie fließen oder vielleicht noch etwas holpern.

Nun bleibt eigentlich nur noch eines zu tun

Zum Schluß vermenge man vorsichtig und mit viel Gefühl seine in gereimte Worte gefaßten Gedanken mit dem richtigen Versmaß. Dann füge man einige Strophen zusammen, warte auf den passenden Anlaß und serviere - voilà! - ein selbstgemachtes Gedicht!
Ich wünsche jedenfalls Gutes Gelingen und Bon Apetit!
Falls Ihnen aber doch einmal die selbstgemachten Reime etwas daneben gehen sollten, trösten Sie sich: "Es ist noch kein Meister vom Himmel gefallen"!

Verwendete und weiterführende Literatur

Neben eigenen Schöpfungen fand der Herausgeber viele Beiträge für dieses Buch in folgenden Werken:

Wilhelm Busch: Gesammelte Werke

Des Knaben Wunderhorn. Gesammelt von L. Achim von Arnim und Clemens von Brentano. München 1963

Friedhelm Kemp (Hrsg.): Deutsche Liebesdichtung aus acht Jahrhunderten. München 1960

Lexikon der Goethe-Zitate

Edgar Hederer: Das deutsche Gedicht vom Mittelalter bis zum 20. Jahrhundert

Rainer Maria Rilke: Sämtliche Werke

Thomas Lardon: Ich schenk Dir ein Lied

Verschiedene Sprichwörterlexika

Verlag und Herausgeber waren bemüht, bestehende Urheberrechte gewissenhaft zu ermitteln und zu honorieren. Trotzdem kann es geschehen sein, daß ein Recht übersehen oder eine Autorenschaft falsch zugeordnet wurde. Dahinter steckt keine böse Absicht. Selbstverständlich werden bestehende Urheberrechte im Zweifelsfall nachhonoriert.